Auf den Spuren der Dithmarscher Geschichte

INHALT

Erinnerungsorte aus der frühen Neuzeit

Erinnerungsorte aus dem 18. Jahrhundert

Erinnerungsorte aus der ersten Hälfte des 20. Jahrhunderts

WARUM „ERINNERUNGSORTE"
IN DITHMARSCHEN?
Ein Vorwort

In der historischen Wissenschaft wird seit einigen Jahren unter dem Begriff „Erinnerungs-ort" generell ein geographischer Ort verstanden, der für eine Region oder eine Gruppe von Menschen durch seine besonders „aufgeladene" und häufig symbolische Bedeutung eine identitätsstiftende Funktion hat.
Eine reichhaltige Literatur ist dazu vor allem in den letzten zehn Jahren aus nationaler, überregionaler und regionaler Perspektive erschienen.

Auch in Dithmarschen gibt es eine Reihe von Orten, Gebieten und Gebäuden, die als „Erinnerungsorte" zur Geschichte der Region bezeichnet werden können.
In mehreren Redaktionssitzungen wurde klar, dass diese Orte und Plätze – in entsprechen-de zeitliche Folge gebracht – auch die geschichtliche Entwicklung Dithmarschens darstel-len können. Da es sich um Plätze handelt, die in den allermeisten Fällen auch heute noch gut erhalten bzw. sichtbar und in der Regel für jeden Interessierten zu besuchen sind, scheint die Erinnerung an die Geschichte des jeweiligen Ortes auch gut für die (stark ver-kürzte) Darstellung der Geschichte der Region Dithmarschen geeignet zu sein.

Vor diesem Hintergrund kann dieser Band auch als Nachfolger der schon vor 25 Jahren erschienenen, populärwissenschaftlich ausgerichteten „Kleinen Geschichte Dithmar-schens" von Nis R. Nissen dienen.
Wir gehen in der Darstellung also generell chronologisch vor, an den jeweiligen „Erinne-rungsorten" dann thematisch. Wer mehr über die einzelnen Plätze erfahren möchte, fin-det entsprechende Literaturhinweise im Anhang.
Für die Bereitschaft der Autorinnen und Autoren, sich an diesem ungewöhnlichen Buch-projekt zu beteiligen, bedanken wir uns herzlich.

Wir hoffen, dass dieses kleine Buch dazu ermuntern kann, die „Erinnerungsorte" selber vor Ort zu besuchen und dort etwas vom Geist der Vergangenheit zu erleben, der in seinen Wirkungen teilweise bis heute das Leben in Dithmarschen prägt und uns immer wieder zum Nachdenken über die Geschichte, aber auch über die Gegenwart und über die Zukunft unserer Region anregt.

KURZE SIEDLUNGSGESCHICHTE DITHMARSCHENS
zum Gebrauch des Buches

Was haben die Dusendüwelswarf bei Hemmingstedt, der Brutkampstein in Albersdorf und die Eiderbrücke bei Friedrichstadt gemeinsam? Sie sind alle als „historische Erinnerungsorte" zu bezeichnen, die es auch in Dithmarschen in großer Zahl, in sehr unterschiedlichem Alter und in verschiedenster Form gibt. Die folgende grobe Übersicht zum Siedlungsverlauf der Region soll dabei zur historischen und landeskundlichen Einordnung der in einzelnen Abschnitten behandelten Erinnerungsorte dienen:

Aus der Altsteinzeit liegen vom Ende der Späteiszeit aus Dithmarschen Einzelfunde von mehreren Fundstellen auf der Geest vor. Außer einzelnen Fundplätzen des älteren Mesolithikums gibt es am Ende der Jäger- und Sammlersteinzeit eine größere Zahl von Funden, die zur Zeit ihrer damaligen Nutzung alle am Meeresufer oder im Mündungsgebiet der Eider auf Strandwällen oder Dünenkuppen gelegen haben. Auch bei den jüngeren aus Dithmarschen bekannten Siedlungsplätzen aus der Jungsteinzeit, also der Zeit der ersten Ackerbauern und Viehzüchter, ist die topographische Lage auf einer zumeist von Bächen oder Feuchtgebieten umgebenen Anhöhe typisch. Neben den in diesem Buch vorgestellten jungsteinzeitlichen Großsteingräbern aus dem Albersdorfer Raum gibt es eine große Zahl weiterer Anlagen verschiedener Form und Größe in Dithmarschen. Trotzdem deutet sich bei einem Blick auf die Verbreitungskarte an, dass die Region um Albersdorf in der gesamten Urgeschichte ein Siedlungsschwerpunkt gewesen sein muss.

Die für die Dithmarscher Geest so charakteristischen Grabhügel aus der Bronzezeit lassen sich auch in den angrenzenden Gebieten Nordfrieslands und des Kreises Rendsburg-Eckernförde finden, wo sie heute jeweils den größten erhaltenen Denkmälerbestand der frühen Besiedlungsgeschichte bilden. Hausbefunde fehlen in Dithmarschen vollständig aus der Bronzezeit und aus der vorrömischen Eisenzeit. Durch Befunde aus anderen Regionen ist jedoch zu vermuten, dass die Siedlungen der Bronzezeit sich in der Nähe der Grabhügel befunden haben dürften, so dass die Hügel in ihrer Verbreitung vermutlich auch das eigentliche Siedlungsgebiet ungefähr umreißen.

Auf der Grundlage von Verbreitungskarten, die Fundplätze von der jüngeren Bronzezeit bis zur römischen Kaiserzeit umfassen, ist die Verlagerung des Siedlungsschwerpunktes

Rüdiger Kelm (Hg.)

Auf den Spuren der Dithmarscher Geschichte

Erinnerungsorte zwischen Steinzeit und Gegenwart

BOYENS

Bildnachweis:
Soweit bei den Abbildungen keine Einelnachweise vermerkt sind,
stammen die Fotos aus dem Bildarchiv des Boyens Buchverlags.

BOYENS
BUCHVERLAG

ISBN 978-3-8042-1359-3

© 2012 by Boyens Buchverlag GmbH & Co. KG, Heide
Alle Rechte vorbehalten
Redaktion:Volker Arnold, Martin Gietzelt, Rüdiger Kelm, Bernd Rachuth
Herstellung: Boyens Buchverlag GmbH und Co. KG, Heide
Layout und Gestaltung: Dörte Kromrei
Druck: BELTZ Bad Langensalza GmbH, Bad Langensalza
Printed in Germany

im Gebiet des heutigen Dithmarschen von der flächig erschlossenen Geest bereits während der vorrömischen Eisenzeit ab ca. 400 v. Chr. an den Geestrand festzustellen. Später kam es während einer Rückzugsphase des Meeres ab der frühen römischen Kaiserzeit zu einer ersten nachweisbaren Nutzung der weiter westlich gelegenen, neu aufgelandeten Marschen. Bis weit in das 3./4. Jh. n. Chr. wurde dann erstmals die Dithmarscher Marsch für die Besiedlung erschlossen, zuerst meist in Form von ufernah gelegenen Flachsiedlungen, später dann auch als künstlich aufgehöhte Wurtensiedlungen zum Schutz vor den damals höher auflaufenden Sturmfluten. Für die Eisenzeit sind durch die Funde eines Einbaums von der Burger Au und eines völkerwanderungszeitlichen Bohlenweges bei Rederstall damalige Möglichkeiten der Kommunikation und des Transports zwischen den verschiedenen, zumeist durch Feuchtniederungen getrennten Siedlungsgruppen erkennbar. Während der Völkerwanderungszeit kam es zu einer starken Abnahme der Bevölkerungsdichte, möglicherweise sogar zu einer vollständigen Siedlungsleere in einzelnen Regionen wie z. B. den Marschengebieten.

Erste Spuren der sächsischen Neubesiedlung gibt es auf der Geest in Form von Brand- und Körpergräbern, die eine soziale Untergliederung der altsächsischen Gesellschaft anzeigen, und als Grubenhäuser. Die eigentlichen Haupt- und Wohnhäuser der frühmittelalterlichen Siedlungen konnten dagegen bisher noch nicht nachgewiesen werden. In der Marsch ist die Neubesiedlung und die Entwicklung der mittelalterlichen und neuzeitlichen (Wieder)-Besiedlung (ab dem späten 7. Jh. n. Chr.) jedoch durch neuere Forschungen relativ gut zu fassen. Als auch heute noch beeindruckende Reste der frühmittelalterlichen Besiedlung sind die Ringwallburgen sächsischen Typs in Weddingstedt-Borgholz (Stellerburg) und in Burg (Bökelnburg) zu nennen.

Seit dem hohen Mittelalter änderten sich die Siedlungs- und Wirtschaftsbedingungen in Dithmarschen in umfassender Weise, da der Deichbau und die Entwässerung zusammen mit einem Rückgang der Sturmfluthöhe und -häufigkeit ab ca. 850 n. Chr. nun gute Möglichkeiten für eine systematische Kultivierung sowohl der fruchtbaren Marschen als auch der Moorflächen boten. Aus dieser Grundlage resultiert die wirtschaftliche Prosperität Dithmarschens im Mittelalter (die sich bis heute gut durch die Zahl, Größe und Ausstattung der mittelalterlichen Kirchen zeigt), die stetige Zunahme der Bevölkerung und die Entwicklung der besonderen politischen Verhältnisse hin zu einer von Siedlungsgenossenschaften, den Geschlechtern, geleiteten Förderation, in welcher auch die beinahe autonomen Kirchspiele eine große politische Rolle spielten.

Die Umgestaltung sowohl der Natur- als auch der Kulturlandschaft Dithmarschens hat sich seit dem hohen Mittelalter, vor allem aber in den letzten zwei Jahrhunderten derart intensiviert, dass hinsichtlich der Geschwindigkeit der Veränderungen sowie in Hinblick auf ihren Umfang von einer historisch bisher nicht dagewesenen Qualität gesprochen werden muss. Im Bereich von Rodungsflächen kam es auf ehemaligen Waldstandorten schnell zur Bildung von Heidevegetation, die seit dem 17. Jh. den größten Teil der Geestgebiete Dithmarschens prägte. Außerdem begann im späten Mittelalter und vor allem in der frühen Neuzeit die intensive Entwässerung, Abtorfung und Besiedlung der noch sehr umfangreichen Moor- und der tiefergelegenen Marschenflächen. Mit der Verkoppelung und der damit verbundenen Aufhebung der Feldgemeinschaften und des Flurzwanges sowie der Aufteilung der aus Wald, Kratt, Heide und Moor bestehenden, vor allem weidewirtschaftlich und zur Holz- und Torfgewinnung genutzten Allmendeflächen, des so genannten Meentlandes, erfolgte im späten 18. Jh. und im frühen 19. Jh. – vor allem durch die Anlage der Knicks – eine weitere Umwandlung des Landschaftsbildes.

Mit der zunehmenden Mechanisierung der Landwirtschaft seit der Industrialisierung im späteren 19. Jahrhundert, besonders aber nach dem Ende des 2. Weltkrieges, verursachten die Einführung neuer Kulturpflanzen, die industrielle Nutzung von Bodenschätzen, die vielfach von landespolitischer Seite (z. B. durch das seit 1953 durchgeführte „Programm Nord") unterstützte Mechanisierung und Technisierung der Landwirtschaft, der Bau von moderner Infrastruktur (z. B. Straßenausbau, Kanalisation etc.) und die touristische Nutzung der Kulturlandschaft in der jüngeren Vergangenheit tiefgreifende Veränderungen des Landschaftsbildes unserer Region.

Die in den letzten Jahren – vor allem unter Vorgaben im Bereich der europäischen Agrar- und Umweltpolitik – vorangetriebenen Extensivierungsbemühungen zeigen in Hinblick auf das Aussehen der Kulturlandschaft durch Flächenstilllegungen, durch die Umwandlung von Nadelholzforsten in Laubwaldbestände und durch die Ausweisung von Schutzzonen bereits zum gegenwärtigen Zeitpunkt flächenhaft räumliche Wirkungen. Die trotzdem fortgesetzte Anlage von Kies- und Sandgruben und von modernen Straßensystemen, Stromleitungen und Windkraftanlagen sind einerseits Zeichen der Moderne und Grundlage von Wohlstand, andererseits haben sie die alte Kulturlandschaft durch einen Flächennutzungswandel stark überprägt.

Die aktuellen Herausforderungen für unsere Region, die sich derzeit vor allem durch die Fragen und Methoden der zukünftigen Energiegewinnung ergeben, werden das Gesicht Dithmarschens wieder verändern und neu prägen – der stetige Wandel ist sicher etwas, was wir durch die Erforschung und Betrachtung der Geschichte lernen können. Umso wichtiger und bedeutender werden in einer sich schnell verändernden Zeit die Orte, Plätze und auch die Traditionen, mit denen einzelne Menschen subjektiv eine hohe emotionale Bindung aufweisen. Dies kann individuell empfundene und auf eine Gruppe bezogene Sicherheit geben. Dass dies auch bei besonderen Orten für die Bewohner einer ganzen Region gilt, soll an den ausgewählten Erinnerungsorten in Dithmarschen aufgezeigt werden.

Der Leser soll mit diesem Buch aber auch ermuntert werden, die jeweiligen Einzelkapitel nach Interesse, Laune oder Reiseroute frei zu kombinieren und dabei den einen oder anderen Erinnerungsort selbst zu besuchen. Dieser kurze Überblick zur Siedlungsgeschichte Dithmarschens und die Zeittafel mögen zur besseren (historischen) Orientierung dienen.

Die Orientierung im Raum bieten die Karten von Dithmarschen, im vorderen Umschlag eine allgemeine Orts- und Straßenkarte, im hinteren Umschlag eine Karte mit den erwähnten Erinnerungsorten.

Zeittafel zur Geschichte Dithmarschens

Ur- und Frühgeschichte	
Altsteinzeit (eiszeitliche Jägersteinzeit, Paläolithikum)	bis ca. 8000 v. Chr.
Mittelsteinzeit (nacheiszeitliche Jägersteinzeit, Mesolithikum)	ca. 8000–4000 v. Chr.
Jungsteinzeit (Bauernsteinzeit, Neolithikum)	ca. 4000–1700 v. Chr.
Bronzezeit	ca. 1700–600 v. Chr.
Eisenzeit	ca. 600 v. Chr.–700 n. Chr.
Mittelalter ca. 700–ca.1500 n. Chr.	
Frühgeschichtliche Zeit, Frühmittelalter	ca. 700–1000 n. Chr.
Hochmittelalter	ca. 1000–1300 n. Chr.
Spätmittelalter	ca. 1300–ca.1500 n. Chr.
Schlacht bei Hemmingstedt	am 17.2.1500
Neuzeit ca.1500–heute	
Die Letzte Fehde	1559–Ende der Dithmarscher „Bauernrepublik"
Dithmarschen im dänischen Gesamtstaat	1559–1864
Dithmarschen als Gebietskörperschaft im deutschen Staat	seit 1864

Rüdiger Kelm

DER KLEV BEI KUDEN UND KLEVE
Die alte Küste der Urzeit

In zwei ganz getrennten Bereichen bricht die Dithmarscher Geest in einer markanten Steilkante zu den Niederungsflächen hin ab: im Norden zur Eiderniederung hin von Dammbrück bei Fedderingen über Kleve bis hinter Hennstedt-Pferdekrug sowie im Südwesten der Geest vom Windberger Bahnhof über St. Michaelisdonn und Kuden bis nach Burg. Diese „Klev(e)" genannten Steilkanten sind wohl das eindrucksvollste Zeugnis der Landschaftsgeschichte Dithmarschens. Allerdings sind beide Klevs durchaus differenziert zu sehen und in ihrem heutigen Erscheinungsbild das Ergebnis vielschichtiger Vorgänge. Grundlage für die Entstehung der Steilkanten dürften Gletscherschmelzwässer gewesen sein. Dabei ist nach wie vor unklar, ob erste Erosion bereits vor dem endgültigen Rückgang der Gletscher zu Ende der vorletzten Eiszeit vor ca. 130 000 Jahren ansetzte, wie beim Klev um Kuden zu erwarten, oder ob sie ausschließlich auf Gletscherschmelzwässer der letzten Eiszeit zwischen 120 000 v. Chr. und 10 000 v. Chr. zurückgeht, wie es für den Klev im Eiderbereich wahrscheinlich ist. Auf alle Fälle hatten verebnende Vorgänge, wie sie während der letzten (hier gletscherlosen) Eiszeit durch allsommerliches Bodenfließen über Dauerfrostboden allgegenwärtig waren, diese Steilkanten vergleichsweise wenig verflacht.

Der Klev bei Kleve.
(Foto: Heider
Heimatmuseum)

Der Klev bei Kuden. Beide Aufnahmen stammen aus der Zeit um 1910.
(Foto: Heider Heimatmuseum)

Eine nochmalige Aktivierung dieser Erosionskanten setzte in ihren westlichen Partien an, als diese vom nacheiszeitlichen Meeresspiegelanstieg ab ca. 5000 v. Chr. erreicht wurden. Daraufhin bildete sich dort eine Steilküste, so dass die vorhandene Erosionskante wieder versteilt und zurückverlegt wurde. In der Folge kam es zur Ausbildung einzelner Strandwälle bzw. ganzer Fächer. Diese Vorgänge dauerten unterschiedlich lange: im Norden wurde die Eiderbucht schon seit ca. 3000 v. Chr. durch die Lundener Nehrung vom offenen Meer abgeschnürt. Im Süden entstanden die ersten, ganz östlich gelegenen Strandwälle vielleicht schon etwas früher, aber hier war die Steilküste im Bereich Gudendorf wohl viel länger aktiv, möglicherweise bis in das erste vorchristliche Jahrtausend hinein. Seitdem sind die Klevs „tot", d. h. sie werden nicht mehr von unten her erodiert. Durch natürliche Hangrutschungen sowie Rückwärtserosion bei Wasseraustritten, viel mehr noch durch Abgrabungen sowie durch verstärkte Erosion bei den den Klev schneidenden Fahrwegen und -straßen hat der Klev seitdem seine Form vielfach verändert.
Der eindrucksvollste Punkt am nördlichen Klev ist direkt am Ostrand von Kleve über der ehemaligen Meierei (Haus Quellengrund) zu finden. Bei gutem Wetter kann man am gegenüberliegenden Ufer der ehemaligen Eider-Bucht die Stapelholmer Geest erkennen.

Der Strandwall vor dem Klev ist nicht sichtbar, da er später von Niedermoor und Marsch überdeckt wurde und nur gelegentlich bei Grabenräumarbeiten angeschnitten wird. Die ganz unregelmäßige Form des Klevs geht hier im Wesentlichen auf die dort zahlreichen Quellen zurück, die letztlich auch zur Anlage der Meierei führten.

Der Süderdithmarscher Klev lässt sich von Gudendorf bis vor St. Michaelisdonn oder von Kuden bis Burg gut erwandern. Am eindrucksvollsten ist er mit bis zu 40 m Höhe vom Hopener Flugplatz bis zum Bismarckstein. Direkt unter dem Flugplatz greift ein kurzes heidebestandenes Erosionstal in den Klev ein, das unten einen Schwemmkegel ausgebildet hat, auf dem u. a. ein Fischteich angelegt wurde. Die Talhänge, Spiekerberg genannt, stellen den wärmsten und damit wertvollsten Teil des Naturschutzgebietes Kleve dar. Wärme liebende Tierarten wie Kreuzotter, Schlingnatter und Wespenspinne sind hier zu finden. Im Grund des Tales liegt auf einer Viehweide eine heute fast versiegte Quelle. Sie wurde (wie eine zweite, weiter nordwestlich gelegene Quelle) als der sagenumwobene „Goldsoot" reklamiert, in dem ein Schatz läge. Der Klev ist heute fast durchweg bewaldet, zum Teil mit windgeschorenen, niedrigwüchsigen Eichen (Kratt). Noch vor 50 Jahren war er weitgehend kahl und mit Heide oder Magerrasen bestanden.

Volker Arnold

Heidebewachsene Erosionstäler am Spiekerberg nahe dem Hoper Flugplatz. (Foto:R. Stecher)

DER ALBERSDORFER BRUTKAMP UND DER SCHALENSTEIN VON BUNSOH

Jungsteinzeitliche Großsteingräber auf der Dithmarscher Geest

Der heutige Besucher, der sich dem Brutkamp in Albersdorf und dem Grabhügel mit dem Schalenstein in Bunsoh nähert, kann die Faszination dieser monumentalen Grabanlagen spüren, die von teilweise sehr alten Bäumen hainartig und geheimnisvoll umgeben werden. Die Steinzeitmenschen haben vor über 5000 Jahren diese Grabanlagen mit großer Mühe als „Häuser für die Toten für die Ewigkeit" erbaut – generell handelt es sich bei den Großsteingräbern um die älteste erhaltene Architektur Mitteleuropas, bei den beiden Gräbern im Besonderen um zwei der bedeutendsten archäologischen Denkmäler im Kreis Dithmarschen.

Der Brutkamp besitzt den größten Einzeldeckstein eines Großsteingrabes in Schleswig-Holstein, der ein Gewicht von knapp 23 Tonnen aufweist. Es handelt es sich um einen „erweiterten Polygonaldolmen", der im Südosten an einer Schmalseite der mehreckigen Grabkammer einen Eingang besitzt. Von dem Gang sind noch die Oberseiten der Tragsteine der ehemals mit Decksteinen abgedeckten schmalen Zuwegung erhalten und – ob-

Bei dem berühmten Schalenstein von Bunsoh handelt es sich um einen von drei Decksteinen eines jungsteinzeitlichen Ganggrabes. (Foto: Archiv Museum Albersdorf)

wohl leicht verrückt – gut sichtbar. Auf sechs mächtigen, max. 60 cm aus der Erde ragenden Tragsteinen ruht der gewaltige Deckstein, der einen Umfang von 9,80 m besitzt. Die Zwischenräume der Tragsteine waren zur Zeit der Erbauung der Grabanlage mit plattigem Trockenmauerwerk ausgefüllt. Das Megalithgrab liegt in einem flachen Hügelrest von ca. 15 m Durchmesser und etwa einem Meter Höhe. Aus dem Rundhügel ragen noch einige größere Steine heraus, welche die ursprüngliche Steineinfassung des Hügels markieren. Die Grabkammer ist heute zum großen Teil verfüllt. Sie wird nach ihrer Errichtung während der Trichterbecherzeit vor ca. 5500 Jahren regelmäßig zu bestimmten (Fest-)Tagen geöffnet und die Verstorbenen bzw. ihre Gebeine hineingebracht worden sein. Im Jahre 2009 konnte erstmals eine kleinere archäologische Untersuchung am Brutkamp durch das Institut für Ur- und Frühgeschichte der Universität Kiel durchgeführt werden, die viele wertvolle Erkenntnisse zur jahrtausendelangen Nutzungsgeschichte der Anlage erbrachte. Bis in die frühe Neuzeit hinein liegen uns keine älteren Erzählungen über den Brutkamp vor. Sie wird es mit Sicherheit gegeben haben – vielleicht geben uns aber die überlieferten Sagen dazu eine Vorstellung. Unklar bleibt die Bedeutung des Namens „Brutkamp", der

*Der Bewuchs des Brutkamp mit alten Bäumen verleiht dem monumentalen Großsteingrab einen besonderen Reiz.
(Foto: R. Kelm)*

Noch im 18. Jahrhundert stellt sich der Illustrator von Westphalens „Monumenta inedita" den Brutkamp mit den Spukgeistern auf diese Weise vor.
(aus Arnold u. Kelm 2004)

mit dem Wort „Braut" zusammenhängen oder auch einen alten Gerichtsplatz bezeichnen könnte.

Der Schalenstein von Bunsoh ist eines der bekanntesten Urzeitdenkmäler Deutschlands. Er ist einer der drei Decksteine eines Großsteingrabes, das von einem großen Grabhügel überwölbt war und 1874 ausgegraben wurde. Es handelt sich um ein Ganggrab, dessen Kammer durch hochkant gestellte Steinplatten in mehrere Abteilungen aufgeteilt war; überwiegend in einer dieser Abteilungen fand sich eine Reihe von steinzeitlichen Gefäßen der sog. Trichterbecherkultur, die heute im Albersdorfer Museum ausgestellt sind. Die Steinkammer trug ursprünglich den Schalenstein wohl noch ohne seine Schalen als Deckstein, der höchstens ein Stück aus dem damals noch viel kleineren Grabhügel herausschaute. Im Gegensatz zu anderen Decksteinen besteht er ausnahmsweise aus Sandstein. Erst als irgendwann zwischen später Jungsteinzeit und mittlerer Bronzezeit einer der drei Decksteine durch teilweise Abtragung des Grabhügels wieder frei zugänglich war, galt er wohl als „heiliger Stein" und wurde nach und nach mit den vielen berühmten Felszeichnungen versehen – den großen und kleinen Schalen, Rinnen, eingetieften Händen, kaum noch erkennbaren Füßen, dem Speichenrad und der Schale mit dem Ring. Heute leidet der frei zugängliche Schalenstein vor allem durch Verwitterung, aber auch durch gelegentliche mutwillige Beschädigungen und müsste vor Ort dringend durch eine Kopie ersetzt werden.

Im nationalromantischen Zeitgeist des 19. Jahrhunderts wurden die Großsteingräber als Relikte einer großen und bedeutenden Vorgeschichte und als erhaltens- und verehrenswerte „Vaterländische Altertümer" angesehen. Wie sehr der Albersdorfer Brutkamp um

1900 auch in ganz Dithmarschen als Symbol einer gemeinsamen Vergangenheit und Tradition verstanden wurde, zeigte sich deutlich bei den Feiern zur Enthüllung des Landesdenkmals auf der Dusendüwelswarf, die am 17. Februar 1900 zum 400. Jahrestag der Schlacht von Hemmingstedt als große patriotische Demonstration inszeniert wurden. Beim Festumzug, der von Meldorf zum Denkmal und wieder zurück führte, gab es auch einen Wagen mit dem „Albersdorfer Opferstein". Mit diesem Mythos verbunden erhöhte sich sehr schnell die Bedeutung des Brutkamps als touristische Sehenswürdigkeit. Die propagandistische Nutzung des Denkmals in der NS-Zeit stellte dann den Höhepunkt der ideologisch-verklärenden und politisch-verfälschenden Rezeption dar. In den letzten 70 Jahren ist die Sicht der Menschen auf den Brutkamp dagegen so wissenschaftlich-weltlich wie wohl kaum zuvor gewesen, das Großsteingrab ist weitgehend „entzaubert". Daran ändert auch die seit Ende des 20. Jahrhunderts neu auflebende Sehnsucht der Menschen nach spiritueller Sicherheit kaum etwas, die sich z. B. in Form der Esoterik äußert und in ausgewählten archäologischen Denkmälern – wie dem Brutkamp und dem Schalenstein von Bunsoh – magische Plätze zu erkennen meint. Andererseits wachsen im späten 20. Jh. die touristische Nutzung und die Bedeutung der archäologischen Denkmäler als kulturelle Standortfaktoren, was u. a. für die Einrichtung des Steinzeitparks Dithmarschen in Albersdorf im Jahre 1997 von ausschlaggebender Bedeutung war. Auf verschiedene Weise können solche Denkmäler gerade auch heute als identitätsstiftende Symbole in einer sich schnell verändernden Gegenwart dienen.

Rüdiger Kelm

Der Eingang zum Brutkamp.
(Foto: R. Kelm)

DIE BRONZEZEITLICHEN GRABHÜGEL BEI ARKEBEK
Monumente in der Landschaft

Auf der vom Gletscher der vorletzten Eiszeit geformten Anhöhe liegen beiderseits des heutigen Weges von Arkebek nach Bunsoh die besonders beeindruckenden, unbeschädigten, bronzezeitlichen Grabhügel von Arkebek in beherrschender Landschaftslage. Aus der Bronzezeit ist eine große Zahl gut erhaltener archäologischer Denkmäler im Bereich der Dithmarscher Geest überliefert – mit Ausnahme der vielfach im Raum Albersdorf nachgewiesenen Schalensteine ausschließlich in Form von Grabhügeln, die damals zumeist in größerer Zahl entlang von Wegen auf von weitem sichtbaren Anhöhen erbaut wurden. Diese bewusste Positionierung auf natürlichen Höhen legt nahe, dass die Grabhügel wahrnehmbar sein sollten – woraus wiederum geschlossen werden kann, dass die damalige Landschaft ganz oder teilweise Offenland gewesen sein muss. Diese zum Teil heute noch landschaftsprägenden Hügelgräber dienten nicht nur als Grabstätten eines großen Teils der Bevölkerung, darunter auch für sozial höhergestellte Personen (wie viele reiche Beigaben im Raum Albersdorf belegen), sondern waren sicher auch eine Art Territorialmarkierung.

Einzelne Großgrabhügel aus der Bronzezeit finden sich bis heute in landschaftsbeherrschender Lage, wie hier im Albersdorfer Steinzeitpark.
(Foto: Archiv AÖZA)

Die älter- und mittelbronzezeitlichen Hügelgräber weisen häufig reiche Beigaben auf, so auch diese bronzenen Schwerter aus verschiedenen Fundorten auf der Dithmarscher Geest. (Foto: Museum Albersdorf)

Die meisten dieser Anlagen weisen eine teilweise komplizierte Errichtungsgeschichte auf, wie z. B. die randlichen Erweiterungsphasen eines Grabhügels bei Tensbüttel-Röst aufzeigen. Die räumliche Orientierung auf markante Geländemerkmale bzw. auch auf ältere, aber noch gut sichtbare Grabanlagen (wie z. B. die Großsteingräber unter bronzezeitlichen Grabhügeln in Bunsoh, Linden-Pahlkrug sowie Hanerau-Hademarschen) scheint ein Charakteristikum im Bestattungswesen der Urgeschichte auf der Geest gewesen zu sein. Ob bei dieser Platzwahl auch ideologisch-religiöse Gründe eine Rolle spielten – wie dies bei den mehrfachen Nachweisen von Schalensteinen aus dem Raum Bunsoh, Arkebek, Beldorf und darüber hinaus zu vermuten ist –, kann nicht gesagt werden. Leider sind nur sehr wenige Grabhügel im Untersuchungsgebiet systematisch ausgegraben und dokumentiert worden; viele Anlagen fielen einer im 19. Jh. weit verbreiteten Raubgräberei zum Opfer, die in einer typischen Weise die Hügel „trichterte" (also zentral von oben abgrub),

*Der Nachbau einer bronzezeit-
lichen Baumsargbestattung ist im
Museum für Archäologie und
Ökologie Dithmarschen in
Albersdorf zu sehen.
(Foto: Museum Albersdorf)*

um möglichst schnell an die wertvollen Beigaben zu gelangen. Viele Spuren dieser Raub-
grabungen lassen sich auch heute noch gut an den damals nicht gesetzlich geschützten
Denkmälern erkennen.

Seit der mittleren Bronzezeit wurden Brandbestattungen immer üblicher, der Bau großer
Grabhügel wurde aufgegeben, der Reichtum der Beigaben nahm deutlich ab. Stattdessen
wurden nun teilweise sehr große Urnengräberfelder mit kleineren Erdhügeln angelegt, die
sich aber zumeist räumlich an den älteren Großgrabhügeln orientierten.

Die Region Westholstein und speziell auch das Gebiet um Albersdorf gehörten in der mittleren und jüngeren Bronzezeit zu den bedeutendsten Siedlungsschwerpunkten in Schleswig-Holstein. Pollenanalysen aus anderen Regionen Norddeutschlands bestätigen den
weitgehend waldlosen Charakter der bronzezeitlichen Landschaft, was vor allem durch
eine intensive Beweidung verursacht gewesen sein wird. Die Überweidung der Bronzezeit
führte zur Verschlechterung der Bodenqualität durch Auswaschung und Versauerung
(„Podsolierung") und zur Entstehung erster größerer Heideflächen – auch diese Expan-

sionsphase der urgeschichtlichen Besiedlung ließ sich bei bodenkundlichen Untersuchungen in Albersdorf gut nachweisen.

Über viele bronzezeitliche Grabhügel gibt es Sagen und Erzählungen zu den dort früher wohnenden „Unterirdischen", wie sie auch aus Dithmarschen überliefert sind. Die Sage „Der gestohlene Becher", die auf frühere Funde aus den auf Plattdeutsch „Menni ful Bargen" (große Zahl von Bergen) genannten Hügeln südwestlich von Albersdorf hinweisen mag, soll hier kurz wiedergegeben werden: *„Ein Mann aus Tensbüttel namens Klaus Fink ist einmal mit seinem Pferde in einen der Berge hineingeritten, die zwischen dem genannten Dorfe und Alversdorf sich hinziehen und die die Mannigfalligen oder Mannigfulen Bargen heißen. Da hielten die Unterirdischen einen lustigen Schmaus, und sie ließen den Bauern teilnehmen; dieser aber stahl einen silbernen Becher und ritt damit eilig fort. Als nun der Neujahrsabend kam, langte man den Becher aus der Kiste hervor, um daraus zu trinken. Da fing plötzlich das Vieh im Hause schrecklich an zu schreien. Als nun alle hinausliefen und nachsahen, aber nichts fanden, da hatten die Unterirdischen ihr Eigentum wieder geholt, als die Leute wieder in die Stube kamen."*

Rüdiger Kelm

Ausstellungsraum im Keller des Museums für Archäologie und Ökologie Dithmarschen in Albersdorf mit Funden und Modellen aus der Bronzezeit. (Foto: Museum Albersdorf)

WURTEN UND FLACHSIEDLUNGEN
Die frühe Besiedlung der Dithmarscher Marsch

Zur gleichen Zeit als die Intensität der Landnutzung und der Besiedlung in großen Teilen der Dithmarscher Geest abnahm, begann um ca. 500 v. Chr. westlich dieser hügeligen Geestgebiete die Bildung der alten Marsch. Auf der Grundlage von Verbreitungskarten, die Fundplätze von der jüngeren Bronzezeit bis zur römischen Kaiserzeit umfassen, ist die Verlagerung des Siedlungsschwerpunktes von der flächig erschlossenen Geest bereits während der vorrömischen Eisenzeit ab ca. 400 v. Chr. an den Geestrand festzustellen, wo eine Siedlung der Zeit um Christi Geburt bei Lieth Ende der 1990er Jahre in Teilbereichen ausgegraben werden konnte. Die Menschen der Liether Siedlung nutzten vermutlich schon die frühen, damals erst neu entstandenen Marschen. Umfangreiche Untersuchungen der Arbeitsgruppe Küstenarchäologie des Büsumer Forschungs- und Technologiezentrums Westküste der Universität Kiel (FTZ) in den 1990er Jahren unter Leitung von Dr. Dirk Meier zur Landschaftsgenese des Dithmarscher Küstengebietes zeigen, dass zunächst die Marschen vom Geestrand aus als Wirtschaftsraum, vor allem für Weidezwecke, genutzt wurden, bevor seit dem 1. Jahrhundert n. Chr. dann erste Siedlungen in den Salzwiesen entstanden. Eine archäologisch gut untersuchte Siedlung dieser Zeit ist die Dorfwurt

Idealisierter Schnitt durch eine Wurtensiedlung aus der Eisenzeit im Modell.
(Foto: Museum Albersdorf)

Wohnstallhäuser, in denen Mensch und Tier unter einem Dach lebten, waren seit der Landnahme in den Dithmarscher Marschen vor über 2000 Jahren die typische Hausform. (Foto: Museum Albersdorf)

Süderbusenwurth südwestlich von Meldorf, wo auf einem max. 1,8 m hohen, natürlich aufgelandeten Uferwall um Christi Geburt zuerst mehrere Hausbauten errichtet wurden, die ab der Mitte des 1. Jahrhunderts aufgrund der höher auflaufenden Sturmfluten zu kleinen, aus Klei- (Marschenton) und Mistschichten bestehenden Hauswurten aufgehöht wurden. Wirtschaftliche Grundlage dieser und weiterer Siedlungen – wie z. B. der ursprünglich auf kleinen Sodenpodesten errichteten Flachsiedlung von Tiebensee nordwestlich von Heide, die erst im 2. Jahrhundert n. Chr. zu einer Wurt ausgebaut wurde – war die Viehhaltung, die vor allem Rinder umfasste.

Große Teile der an die Geest anschließenden Marschen vermoorten während des 1. nachchristlichen Jahrtausends. Reste dieser großen Moorflächen sind heute noch im Weißen Moor östlich von Neuenkirchen erhalten. Diese umfangreiche Vernässung der alten Marschenböden war der Anlass für die Verlagerung der Siedlungen weiter nach Westen in die jünger und deshalb höher aufgelandete Marsch im Westen, wie es z. B. für die in der Mitte des 2. Jahrhunderts angelegten Hofwurten von Haferwisch nachgewiesen werden konnte. Mit dem zunehmenden Meeresspiegelanstieg wurden bis in die Völkerwanderungszeit hinein anscheinend alle bis dahin bestehenden Marschensiedlungen aufgegeben.

Erst ab Ende des 7. Jahrhunderts n. Chr. konnten die nun noch weiter westlich neu entstandenen äußeren Marschengebiete von den höher aufgelandeten Uferwällen aus besiedelt bzw. genutzt werden. Nachgewiesen wurde dies durch Ausgrabungen des FTZ im Rahmen des internationalen Projektes „Lancewad" zur Erfassung des historischen Kulturerbes im europäischen Watten- und Marschengebiet z. B. in Fahrstedt-Marne, in Wöhrden, in Wellinghusen, in Hassenbüttel und in Wesselburen, wo schnell große Wurtendörfer mit einem Durchmesser von bis zu 300 m und einer Höhe von bis zu +6 m NN errichtet wurden.

Untersuchung der eisenzeitlichen Siedlung in Süderbusenwurth durch das Forschungs- und Technologiezentrum Büsum im Jahre 2000. In der Mitte des Schnittes ist das Stallende eines Wohnstallhauses vom Hofplatz I der Zeit um 50 n. Chr. gut zu erkennen. (Foto: D. Meier)

Seit dem hohen Mittelalter änderten sich die Siedlungs- und Wirtschaftsbedingungen in Dithmarschen in umfassender Weise, da der Deichbau und die Entwässerung zusammen mit einem Rückgang des Meeresspiegelanstiegs ab ca. 850 n. Chr. nun gute Möglichkeiten für eine systematische Kultivierung sowohl der fruchtbaren Marschen als auch der Moorflächen bot. Aus dieser Grundlage resultiert die wirtschaftliche Prosperität Dithmarschens im Mittelalter, die stetige Zunahme der Bevölkerung und die Entwicklung der besonderen politischen Verhältnisse hin zu einer von Siedlungsgenossenschaften, den Geschlechtern, geleiteten Förderation beinahe autonomer Kleinregionen.

Rüdiger Kelm

DIE FRÜHMITTELALTERLICHEN RINGWÄLLE BÖKELNBURG UND STELLERBURG
Von der Reichsburg zur Privatburg

Unter Karl dem Großen besetzten die Franken im Jahre 810 das sächsische Nordelbien. Wie bei anderen unterworfenen Territorien zuvor ist auch bei Nordelbien davon auszugehen, dass es zu fränkischem Krongut wurde und jene Maßnahmen, wie die Einführung der Grafschaftsverfassung, die Gesetzgebung für Sachsen und der erzwungene Religionswechsel nun auch nördlich der Elbe erfolgten. Die Administration des eroberten Gebietes, das später als Dithmarschen, Holstein und Stormarn bezeichnet werden sollte, erfolgte durch Grafen, die ihren Sitz auf neu errichteten Burgen hatten.

Der mächtige Ringwall der Bökelnburg (Gemeinde Burg) von etwa 100 m Durchmesser und 4–5 m Höhe zeugt noch heute von der einstmaligen Bedeutung der Anlage, die am südlichen Rand der Dithmarscher Geest in optimaler Schutzlage auf einem Geländesporn erbaut worden war. Da der Innenraum des Ringwalles seit 1818 als Kirchenfriedhof der Gemeinde Burg genutzt wird, mussten sich die archäologischen Ausgrabungen 1947/48 auf die Friedhofswege beschränken. Dabei wurden nur schwach ausgebildete Kulturschichten beobachtet und wenige Keramikscherben des 9. und 11. Jahrhunderts sowie

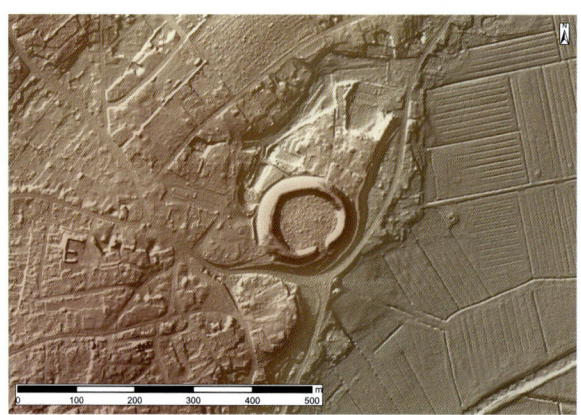

Geländemodell der auf einem zu drei Seiten steil abfallenden Sporn gelegenen Bökelnburg am Südrand der Dithmarscher Geest. (Kartengrundlage: LiDAR Daten des Landesvermessungsamtes S-H)

1a–c Scheibenfibel mit roter Emailleeinlage aus der Bökelnburg (1c nach Jankuhn 1955, 108). In der Stellerburg gefunden: 2, 3 Bronzeschlüssel; 4a–b, 5a–b, 6a–b Glasperlen. M. 1:1. 7 bronzene Klappwaage. o. M. 8 Hufeisenfragment, 9 Stangentrense. M. 1:2.

1a 1b 1c
4a 4b
5a 5b 7
2 3 6a 6b
8 9

eine Kreuz-Emaille-Scheibenfibel des 9. Jahrhunderts geborgen. Konkrete Gebäude sind anhand der Ausgrabungsbefunde zwar nicht zu rekonstruieren, die Verteilung des Fundmaterials lässt jedoch Rückschlüsse auf eine konzentrische Bebauung um einen freien Platz in der Mitte zu, wie sie auch von anderen Ringwällen nördlich und südlich der Elbe bekannt ist. Untersuchungen des Walles haben bisher leider nicht stattgefunden.

Wie die im Jahre 810 erbaute Burg Esesfelth bei Itzehoe, die wahrscheinlich zwischen 817 und 822 errichtete Hammaburg in Hamburg und die in den Fränkischen Reichsannalen für das Jahr 822 erwähnte Burg Delbende in der Umgebung von Lauenburg lag auch die Bökelnburg am südlichen Rand des nordelbischen Gebietes, war per Schiff zu erreichen und bildete den Ausgangspunkt für einen nach Norden gerichteten Fernweg. Demnach dürfte es sich bei der Bökelnburg um eine nach 810 und spätestens vor der Dreiteilung des Fränkischen Reichs im Jahre 843 errichtete Burg handeln, die einem Grafen als Sitz für die

Verwaltung Dithmarschens diente. Das Fundmaterial steht einer solch frühen Datierung nicht im Wege.

Mit zunehmender Schwäche der fränkischen Zentralgewalt erfolgte im Laufe des 9. Jahrhunderts ein Erstarken regionaler Kräfte; die Befestigungshoheit lag nicht länger ausschließlich in zentraler Hand. Mehrfach sind die Burgen ab dem 9. Jh. einem grundherrlich-adligen Milieu zuzuweisen. Einhergehend mit dieser Entwicklung im gesamten fränkischen Reich und vermutlich durch die Teilung des Reiches 843 verstärkt, scheint auch in Nordelbien eine Veränderung der Machtverhältnisse zugunsten lokaler Gewalten stattgefunden zu haben, die in der Aufgabe fast aller bestehenden und in der Errichtung neuer Burgen resultierte.

Aus dieser Phase des Befestigungsbaus stammt die Stellerburg westlich von Weddingstedt. Noch heute ist die Stellerburg als mächtiger Erdwall von etwa 4–6 m Höhe im Gelände sichtbar. Das Ausmaß der rundovalen Anlage beträgt von Wallkrone zu Wallkrone ungefähr 90 m in NS- und ca. 70 m in OW-Richtung. Der größte Teil des Innenraums wurde zwischen 1932 und 1938 archäologisch untersucht. Insgesamt drei Grabungsschnitte vermitteln einen Eindruck vom Aufbau des Walles der Stellerburg, der mit jenem der übrigen nordelbischen Ringwälle vergleichbar ist. Je nach Verfügbarkeit wurden beim sächsischen Wallbau Heide-, Gras- oder Torfsoden horizontal aufeinandergeschichtet und ergänzend dazu Sand-, Klei- oder Lehmschichten aufgeschüttet. Die äußeren Sodenfronten waren dabei häufig recht steil. In der Regel fanden Hölzer als senkrechte oder waagerechte Einbauten nur in geringem Maße Verwendung. Der südliche Wallbereich der Stellerburg wurde allerdings sowohl auf der Vorder- als auch auf der Rückseite mit hölzernen Wallversteifungen versehen, die aus besonders starken Pfosten und dahintergelegten Bohlen bestanden. Die äußere Wallversteifung könnte den Wall überragt und zugleich als

Osttor, Bohlenweg und Hausgrundrisse der Stellerburg. Die dokumentierten stehenden Hölzer lassen eine Bebauung erahnen, die insbesondere im westlichen Teil des Innenraumes weit über die Anzahl der rekonstruierbaren Hausbefunde hinausging.

Brustwehr gedient haben. Jede der insgesamt wohl vier Ausbauphasen der Stellerburg brachte eine Erhöhung und Verbreiterung des Walles mit sich, wobei die außen vor dem Wall befindlichen Bermen und Spitzgräben jeweils nach vorne verlegt werden mussten.

Die besondere topografische Situation brachte es mit sich, dass die Stellerburg zwei Tore erhielt. Zwischen der Lundener Nehrung im Norden und der Dithmarscher Geest im Osten stellte die inselartige Erhebung einen natürlichen Übergang dar, sodass sich dem Burgherrn hier eine ausgezeichnete Möglichkeit bot, den von der Eider kommenden Fernweg zu kontrollieren und im Krisenfall zu sperren. Wie bei allen Ringwällen beiderseits der Unterelbe waren die Tore der Stellerburg als Kastentore in den Wallkörper integriert. Die zweite Phase des Nordtores bestand beispielsweise aus zwei parallelen Reihen aus je fünf mächtigen, rechteckig zugeschlagenen Pfosten von etwa 30 x 40 cm Durchmesser, hinter die aufeinander sitzende Bohlen zur Abstützung der Wallwangen gelegt worden waren. Die Torkonstruktion hatte eine schmale Öffnung von genau 2 m und eine Länge von 5 m. Wahrscheinlich ist eine tunnelartig durch den Wall hindurch geführte Torgasse anzunehmen, die es ermöglichte, das Tor im Falle eines Angriffes effektiv von oben zu verteidigen.

Aufgrund starker Bodenfeuchtigkeit bestanden vor allem in der Mitte des Innenraumes der Stellerburg beste Voraussetzungen für eine Konservierung des Bauholzes, sodass ein zweiphasiger Bohlenweg und die Fundamente von mindestens 20 in Schwellriegel-, Stab- oder Flechtwerkbauweise errichteten Gebäuden dokumentiert werden konnten. Einige dieser Wohn- oder Wirtschaftsgebäude orientierten sich am Bohlenweg, andere waren unmittelbar an den inneren Wallfuß angelehnt, wiederum andere standen scheinbar regellos im Burginneren. Grabungsfotos lassen für den nördlichen, zeichnerisch nicht dokumentierten Bereich des Innenraums eine ähnlich intensive Bebauung erahnen. Aus der Verknüpfung der 1,30 m mächtigen Schichtenabfolge im Innenraum mit dendrochronologischen Datierungen von Hölzern sowie dem größtenteils keramischen Fundmaterial ergibt sich eine erste Bautätigkeit in der Stellerburg nicht vor dem Jahr 827 n. Chr., sehr wahrscheinlich sogar erst in den 840er Jahren. Sowohl das Fundaufkommen als auch die Anzahl der in den entsprechenden Schichten entdeckten Gebäude sprechen für einen Besiedlungsschwerpunkt in der Zeit um 866 n. Chr., dem eine künstliche Erhöhung eines Teils des Innenraumes und das Anlegen des jüngeren Bohlenweges vorausgingen. Nach 963 n. Chr., vermutlich erst gegen Ende des 10. Jhs. wurde die Burg aufgegeben. Trotz ihrer strategischen Lage und der offensichtlichen Funktion als Wegesperre ist die Stellerburg in ihrer Bedeutung nicht bloß auf eine militärische Anlage zu reduzieren. Ein Reitersporn, eine Stangentrense, ein Hufeisen und mehrere verschiedenfarbige und teilweise mit Einlagen versehene Glasperlen lassen erkennen, dass die Stellerburg in einem grundherrlich-adligen Milieu anzusiedeln ist. Art und Intensität der Bebauung geben Grund zu der Annahme, dass hier bereits die Verlagerung des Herrschaftssitzes in die Burg vonstatten gegangen war.

Aus unbekannten Gründen erfolgte gegen Ende des 10. Jhs. eine erneute Umstrukturierung Nordelbiens, was u. a. zur Aufgabe der Stellerburg führte. Nun war es erneut die Bökelnburg, die einem Grafen als administratives Zentrum Dithmarschens diente. Leider schweigen auch in diesem Fall die Schriftquellen darüber, wer sich im 11. Jh. Herr der Bökelnburg nannte. Der Chronist Helmold von Bosau (Buch I, 19) berichtet lediglich davon, dass die Burg im Jahre 1028 einer slawischen Belagerung standhielt.

Die Entwicklung der Ringwälle Nordelbiens geht von fränkischen Reichsburgen über zum privaten Burgenbau, der noch im 11. Jh. mit Persönlichkeiten führender sächsischer Adelsgeschlechter in Verbindung zu bringen ist. Da sie repräsentative, administrative und militärische Funktionen zugleich erfüllten, sind die Burgen wie kaum eine andere archäologische Quellengattung als Zeugnisse sich verändernder politischer und gesellschaftlicher Strukturen zu verstehen.

Thorsten Lemm

DIE MELDORFER ST.-JOHANNIS-KIRCHE
Der „Dom der Dithmarscher"

Der „Meldorfer Dom", eine der schönsten Pfarrkirchen an der Westküste Schleswig-Holsteins, wurde in der 2. Hälfte des 13. Jahrhunderts nach dem Vorbild des Hamburger
Doms (im 19. Jahrhundert abgebrochen) errichtet. Sie selbst war nie Sitz eines Bischofs –
Dithmarschen und damit auch Meldorf gehörten im Mittelalter zum Bistum Bremen –,
wurde aber aufgrund ihrer Größe und der prachtvollen Ausstattung schon immer gern als
„Dom" bezeichnet. Es ist der bedeutendste mittelalterliche Kirchenbau an der Nordsee-
küste Schleswig-Holsteins und dominiert bis heute das Stadtbild Meldorfs, des einstigen
Hauptortes der Dithmarscher. Über die erste Meldorfer Kirche an dieser Stelle, gegründet
Anfang des 9. Jahrhunderts kurz nach der Christianisierung durch Karl den Großen, wis-

Die Meldorfer St-Johannis-Kirche in einem Foto aus der Zeit um 1870. Historische Aufnahme.
(Foto: Archiv Dithmarscher Landesmuseum)

sen wir nichts, außer dass sie urkundlich erwähnt und Dithmarschen damit in die Geschichtsschreibung eintritt. Im 13. Jahrhundert, in der Zeit des Hohen Mittelalters und der Blütezeit der Bauernrepublik Dithmarschen, erhielt die Kirche ihren noch heute im Kern stehenden Neubau in Form einer dreischiffigen gewölbten Backsteinbasilika mit hohem Glockenturm, der ehemals als Seezeichen für von Westen ankommende Schiffe diente. Bis heute ist es so geblieben, dass jeder Besucher Meldorfs schon von weitem durch die hoch aufragende Silhouette des Doms empfangen wird, egal aus welcher Himmelsrichtung er kommt.

Aufgrund ihrer Baufälligkeit musste das Kirchengebäude in der 2. Hälfte des 19. Jahrhunderts außen nahezu vollständig erneuert werden, während das Innere weitestgehend erhalten werden konnte. Deshalb erschließt sich die mittelalterliche Pracht dieser Kirche erst vollständig, wenn man durch die Turmhalle kommend in das Mittelschiff eintritt. Besonders beeindruckend sind die kuppelartigen Gewölbe über dem Mittel- und dem Quer-

Das Innere der St.-Johannis-Kirche. Foto aus der Zeit um 1930. Historische Aufnahme. (Foto: Archiv Dithmarscher Landesmuseum)

Der „Meldorfer Dom" heute. (Foto: J. Bufe)

schiff, die zum Teil noch recht gut erhaltene Fresken aus der Erbauungszeit aufweisen. Sie gehören zu den bedeutendsten Zeugnissen mittelalterlicher Wandmalerei in Schleswig-Holstein. Von der übrigen beweglichen Ausstattung des Mittelalters wissen wir wenig; erhalten blieben ein recht einfacher Taufgrapen aus Bronze, wie er im Südwesten Schleswig-Holsteins weit verbreitet war, und einige mittelalterliche Holzplastiken, u.a. eine fast lebensgroße Figur des Namenspatrons der Kirche, des Heiligen Johannes des Täufers. Schön ist der spätgotische Passionsaltar aus altem Besitz, der heute als Hauptaltar für die Gemeinde dient. Viel mehr blieb aufgrund von Plünderungen im 16. Jahrhundert und durch die Reformation vom ehemals sicher immensen mittelalterlichen Kirchenschatz nicht übrig. Heute bestimmen vor allem einige Ausstattungsstücke des 16. und frühen 17. Jahrhunderts den Charakter des Innenraums, so das prachtvolle, 1603 von einem Mitglied der Familie Boie gestiftete Chorgitter, die Kanzel und einige kostbare Epitaphien. Weitere ehemalige Ausstattungsstücke befinden sich im benachbarten Dithmarscher Landesmuseum.

Bis heute identifizieren sich die Meldorfer und alle Dithmarscher mit „ihrem" Dom, der heute neben den Gottesdiensten auch als überregional bekannte Spielstätte für hochrangige Konzerte dient.

Jutta Müller

DIE KIRCHE IN TELLINGSTEDT
Die frühe Kirchenorganisation in Dithmarschen

Eine Kirche in Tellingstedt muss es bereits vor 1144 gegeben haben, da in einer Urkunde dieses Jahres Tellingstedt neben Lunden, Weddingstedt, Meldorf, Süderhastedt, Büsum, Marne und „Uthaven" (wohl ein durch Sturmfluten zerstörter Ort bei Brunsbüttel) als Sitz eines Kirchspiels erwähnt wird. Der heutige Bau geht in seiner Anlage auf einen Bau des ausgehenden 12. Jahrhunderts oder der Zeit um 1200 zurück, als überall im Lande steinerne Kirchen entstanden und z. T. Vorgängerbauten aus Holz abgelöst haben dürften. Ende des 13. Jahrhunderts war die Aufteilung Dithmarschens in Kirchspiele im Wesentlichen vollendet, wie eine Urkunde von 1281 zeigt. Fast nur in der danach kultivierten Marsch kam es in der Folge noch zur Abspaltung zusätzlicher Kirchspiele (Neuenkirchen, Barlt, St. Annen und Schlichting).

Der ursprüngliche Bau der Tellingstedter Kirche ist in großen Teilen erhalten und lässt sich gut rekonstruieren. Die Kirche bestand aus einem einfachen rechteckigen Schiff (Saal) und einem durch einen Rundbogen abgesetzten, ebenfalls rechteckigen Chor. Sie war aus Feldsteinen mit besonders sorgfältiger Ausführung der Ecken gemauert. Die Eingänge für die Gläubigen waren an der Südseite und der Nordseite jeweils am Westende des Schiffs, der nördliche für Frauen und der südliche für Männer. Zur Erbauungszeit dürften die Fenster noch nicht mit Glas, sondern mit Holzrahmen geschlossen gewesen sein, die mit trans-

Rekonstruktion der Tellingstedter Kirche (Außenansicht und Innenansicht von Westen) um 1200 nach erhaltenen Bestandsresten mit freien Ergänzungen. Die Zeichnung kann nicht verdeutlichen, wie dunkel es in der Kirche gewesen sein muß. (Entwurf: Arnold, Zeichnung: Pflanz)

Die Kirche in Tellingstedt. Gut erkennbar ist die mittelalterliche, aus Feldsteinen gemauerte Bausubstanz. (Foto: J. Bufe)

parentem Schweinsleder o. ä. bespannt waren. Ende des Mittelalters wurde die Kirche nach Westen erweitert und erhielt dort einen Eingang. In der frühen Neuzeit wurde im Norden ein Vorhaus für einen Eingang angelegt und 1727 die Südwand für einen Erweiterungsbau durchbrochen. Die ursprünglichen Eingänge in der Nord- und Südwand wurden zugemauert und fast alle Fenster erneuert, bis auf zwei original erhaltene rundbogige Fenster östlich und nördlich am Chor.

Von der ursprünglichen Ausstattung hat sich der schlichte bronzene Taufkessel erhalten. Aus dem späten Mittelalter, als die Kirchen schon aufwändiger eingerichtet waren, stammt der Christus von einem Triumphkreuz, das ursprünglich im Chorbogen gehangen haben dürfte. Die übrige Ausstattung stammt aus verschiedenen Epochen der Neuzeit; beson-

Blick in das Kirchenschiff und den Altarraum der St.-Martins-Kirche in Tellingstedt. (Foto: J. Bufe)

ders zu erwähnen ist die Orgel von 1642, die Kanzel von 1604 sowie der aus der Tönninger Garnisonskirche hierher versetzte Barockaltar von 1698/99.

Im Außenbild sind alle Dächer der Kirche heute abgewalmt. Ursprünglich wird sie drei Giebel besessen haben: je einer an West- und Ostende des Schiffes und einer am Ostende des Chors. Eine halbrunde Apsis, wie sie sonst an Kirchen dieser Zeit häufig vorkommt, hat es wie bei den meisten anderen Kirchen Dithmarschens nicht gegeben; einzig ist eine Apsis bei der Wesselburener Kirche nachgewiesen und in Resten erhalten. Von Anfang an dürfte die Kirche einen freistehenden hölzernen Glockenturm gehabt haben. Es ist allerdings unklar, ob er immer an der Stelle des heutigen stand und ob im jetzigen Glockenturm Reste eines älteren erhalten sind.

Volker Arnold

DER LUNDENER GESCHLECHTERFRIEDHOF
Zeugnis des Reichtums Dithmarscher Bauernfamilien

Um die Lundener St.-Laurentius-Kirche ist mit dem Friedhof der Geschlechterverbände exemplarisch ein einmaliges kulturgeschichtliches Zeugnis erhalten. Wohlhabende Bauernfamilien gaben vom 15. bis in das 18. Jh. hinein ihrem Reichtum auch Ausdruck in repräsentativen, bis zu zwei Tonnen schweren Grabplatten und aufrecht stehenden Grabstelen sowie in eindrucksvollen gemauerten, tonnenförmigen Grabkellern. Erhalten sind noch 13 Gruftgewölbe der Geschlechter, 66 Deckplatten aus Sandstein und aufgestellte Stelen. Sie sind mit Wappen und Inschriften, Hausmarken und figürlichen Darstellungen geschmückt. Für den Todesfall sollte alles vorbereitet sein. Deshalb gaben die wohlhaben-

Die Lundener Kirche mit dem umliegenden Geschlechterfriedhof. (Foto: J. Bufe)

den Bauern Grabplatten aus Sandstein noch zu Lebzeiten vor allem im Weserbergland oder Blausteinplatten in Narmur in Belgien in Auftrag und ließen sie dort an Ort und Stelle behauen und die nötigen Inschriften gravieren – nur das Todesdatum blieb ausgespart und war zu Hause nachzutragen. Per Schiff sind die Steine nach Dithmarschen geliefert worden – wenn sie für den Lundener Friedhof bestimmt waren, landeten sie im Hafen Wollersum an. An manchen Decksteinen sind starke Eisenringe befestigt – an ihnen zogen Pferde die Platten beiseite, wenn ein Sarg in der frisch geweißten Gruft zu bestatten war. Die Geschlechter haben ihre Wurzeln in der frühen Zeit der Kraftanstrengungen, als im Mittelalter Deiche gebaut wurden, um Land zu gewinnen. Sie entstanden als Schwurgemeinschaften zur Sicherung der eigenen Existenz in einer unwirtlichen Landschaft, waren Schutzverbände, zu denen sich verschiedene Familien und Sippen zusammenschlossen.

Derart genossenschaftlich organisiert, gewannen die Bauern vor allem im 11. und 12. Jahrhundert Deich für Deich neues Marschland, das sie entwässerten und damit zu frucht-
barem Ackerland machten. Die Geschlechter zogen ihr Netz mit der Zeit von der Marsch
auch über die Geest und sollten die Geschichte und das Sozialgefüge Dithmarschens für
Jahrhunderte bestimmen. Einerseits strukturierten und organisierten sie die Gesellschaft,
andererseits befehdeten sie einander. Mit der Einführung der Reformation in Dithmarschen 1532 und der „Letzten Fehde" im Jahre 1559, mit der Dithmarschen seine faktische
Eigenstaatlichkeit verlor, verblich auch die Bedeutung der Geschlechterverbände. Auf dem
Lundener Friedhof sind die Begräbnisstätten der führenden Bauernfamilien erhalten, aus
denen sich auch die 48 Regenten rekrutierten, die in der Bauernrepublik ab 1447 Recht
sprachen, das Land regierten und nach außen vertraten und auch sonst den Ton angaben.
Daran erinnert vor allem die Stele, die zum Andenken an Peter Swyn (1480/81–1537) aus
dem Geschlecht der Wurtemannen errichtet wurde. Ihr Relief zeigt eine Kreuzigungsszene
und darunter die Ermordung Swyns. Er war als Repräsentant der 48 Regenten auf heikler
Mission unterwegs: Er reiste durch die Kirchspiele, um für ein Gesetz zur Abschaffung der
Selbstjustiz zu werben, die auch das Recht zur Blutrache einschloss. Viele sahen darin eine
Schwächung der Geschlechter, und Angehörige der Russeboligmannen ermordeten den
als „pater patriae", als Vater des Vaterlandes geehrten Dithmarscher Staatsmann. Gerade
auch Lunden war Swyn zum Dank verpflichtet, auf ihn gingen 1517 die Verlegung eines
Franziskanerklosters nach Lunden und die Verleihung der Stadtrechte an Lunden 1529
zurück. Die große Stele der Nannen zeigt eine Darstellung des Jüngsten Gerichts: Christus
thront über den Wolken, umgeben von Erlösten, Engel blasen dazu die Posaune. Darunter
quälen Teufel diejenigen im Fegefeuer, die zur ewigen Verdammnis verurteilt sind. Die
Rückseite der Stele verzeichnet die Namen der Bestatteten – wenn sie Mitglieder des 48er
Kollegiums waren, sind sie als „regente" hervorgehoben. Ole Claus Nan wird als „Jerusa-
lemsritter" geehrt, der sich zum heiligen Grab aufgemacht hatte – der Sage nach mit Unterstützung eines Bettlers, der ihm in Hamburg mit einem Beutel Goldstücke aus einer
Notlage half. Auf dem Geschlechterfriedhof in Lunden sind die prachtvoll verzierten Grabsteine und -stelen aller großen Geschlechter des Ortes vertreten, der Swynen, der Nannen,
der Ebbigmannen, der Russeboligmannen, der Sulemannen, der Jeremannen, der Vorgis-
selmannen, der Brorsmannen, der Starckmannen, der Huddiemannen, der Vogdeman-
nen, der Woldersmannen und der Spetmannen.
Der berühmte Kanzelredner Claus Harms (1778–1855), der auch in Lunden wirkte, rügte
als „Cicerone auf dem Lundener Kirchhofe", dass mancher Grabstein hier und andernorts
zu Schleifsteinen oder Türschwellen umgearbeitet wurde: „Manchmal muss zum Auftritt
oder Abstreifen der Füße der Denkstein und Name eines Mannes dienen, dem man, lebte
er noch, seine Füße küssen sollte in Ehrerbietung und Dankbarkeit."

Frank Trende

DIE MARIENBURG BEI DELLBRÜCK
Zeuge mittelalterlicher Konflikte

Die Marienburg bei Tensbüttel ist eine ehemalige burgartige Befestigung, von der sich ein großer Burghügel (Motte) mit umlaufendem Wall und Graben sowie zur Geestseite im Südwesten hin ein zweiter Wall mit Graben erhalten haben. Die Burg steht in strategisch günstiger Lage an der Nahtstelle von Dithmarscher Hauptgeest und Meldorfer Geesthalbinsel. Die hier verlaufende Landstraße, die bis zur Hansestadt Lübeck führende „Lübsche Trade", war durch die Burg leicht zu sperren.

Außer einigen Bohrungen hat es keinerlei archäologische Untersuchung der Burg gegeben, so dass wir uns mit Analogieschlüssen und der z. T. nur anekdotisch überlieferten Geschichte der Burg begnügen müssen.

In den Jahren 1402–1404 fielen Holsteiner Herzöge mit ihren Heeren wiederholt in Dithmarschen, damals noch eine lose Föderation mehr oder weniger selbständiger Kirchspiele, ein und vermochten sich sogar vorübergehend festzusetzen, nämlich an der Stelle der später so genannten Marienburg. Hier wurde auf einem großen, dafür aufgeschütteten Turmhügel ein „Blockhaus" errichtet und mit Gräben und Wällen umgeben. Nach Hans

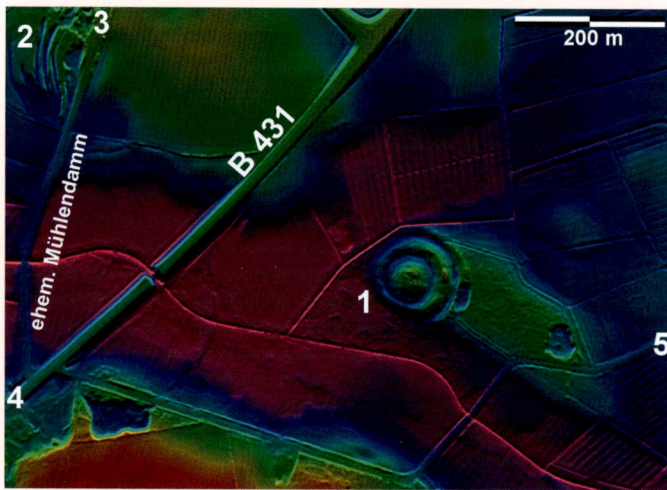

Die Marienburg nach Laserscan-Höhendaten. © Landesamt für Vermessung und Geoinformation SH. 1: Marienburg; 2: "Sarzbütteler Schanzen", wahrscheinlich ein Wegefächer; Wegerichtungen nach Odderade und Albersdorf (3), Meldorf (4) und Tensbüttel (5). (Grafik: Arnold)

Heutiger Zustand der Marienburg. (Foto: V. Arnold)

Dethleffs stand dort ein viereckiger Holzturm mit Geschütz-Schießscharten; der Turm selbst soll gegen Geschützangriffe stark genug gewesen sein. Die Burg diente der feindlichen Besatzung als Ausgangspunkt für Plünderungszüge, in deren Verlauf die Dörfer Tensbüttel und Röst dermaßen zerstört wurden, dass sie der Überlieferung nach später an anderer Stelle wiederaufgebaut wurden. Ein mutiger, aber schlecht koordinierter Überfall einiger Dithmarscher auf die Burg unter einem gewissen Ralf Boykenson endete in einem Fiasko, als Boykenson von einem Büchsenschuss getroffen zu Tode kam. Erst 1404 hatten die Dithmarscher das Eroberungsheer in der Süderhamme (vermutlich südwestlich von Heide) auf dem Rückzug aus dem Hinterhalt überfallen und aufgerieben, wobei Graf Gerhard der Große und zahlreiche Mitglieder der adligen Ritterschaft den Tod fanden. Nach diesem Sieg, den die Dithmarscher der Maria und dem Heiligen Oswaldus, dem Patron des Siegestages (4. 8. 1404), geweiht hatten, besetzten die Dithmarscher die von den Feinden verlassene Burg und zerstörten sie vollständig. Bis zur Eroberung Dithmarschens 1559 blieb der Jahrestag der Schlacht ein durch das Landrecht manifestierter Feiertag.
Die Stelle der Burg blieb bis heute im Wesentlichen unverändert, wenn man von einer kleinen Sandgrube im äußeren Wall absieht. Sie stellt ein recht spätes und sehr großes Beispiel einer mittelalterlichen Turmhügelburg dar und war offenbar von den Holsteinern für die Zukunft angelegt worden.

Volker Arnold

DER HEIDER MARKTPLATZ
Das politische Zentrum der Dithmarscher Bauernrepublik

Der Marktplatz in Heide ist als der größte Marktplatz der Bundesrepublik berühmt geworden. Bedeutender als dieser Superlativ ist allerdings seine Geschichte. Seine erste Erwähnung findet er 1434 anlässlich einer ersten Versammlung eines Lagers der damals zerstrittenen Dithmarscher Kirchspiele. Möglicherweise diente das Geviert „auf der Heide" schon einige Zeit vorher als Versammlungsort des „Mitteldöffte" genannten Wehrbezirkes, wo die waffenfähigen Männer dieses Gebietes zur alljährlichen Musterung zusammenkamen. Westlich davon war ein kleines gleichnamiges Dorf entstanden.

Da sich in den bürgerkriegsartigen Auseinandersetzungen 1434 die in Heide zusammengekommenen Kirchspiele letztlich durchsetzten, wechselte der Tagungsort der Landesversammlung von Meldorf, dem alten Hauptort Dithmarschens, von nun an nach Heide. Ab 1447 tagte hier regelmäßig das neu geschaffene Obergericht, aus dem sich in der Folgezeit eine republikanische Landesregierung aus 48 Regenten entwickelte. Noch im 15. Jh. begann ein stürmischer Aufschwung des kleinen Ortes, da der riesige Platz nun ringsum bebaut wurde. Auch für den spontan entstehenden Wochenmarkt am Sonnabend, dem Versammlungstag der Regenten, mussten bereits 1483 erste Einschränkungen beschlossen werden. Bis zur Eroberung durch ein königlich-fürstliches Koalitionsheer 1559 hatte Heide in der Bedeutung die damaligen Städte Meldorf und Lunden übertrumpft. Einige Regenten wohnten direkt am Marktplatz, wo sich auch das aufwändig gebaute Versammlungshaus der Regenten befand.

Ein unbekannter Künstler aquarellierte um 1740 den Heider Markt von der Nordseite aus. Damals standen auf dem Markt noch die Stange für den Schützenvogel, das Spritzhaus für die Feuerbekämpfung (links) und östlich der Kirche die Schule. (Foto: Heider Heimatmuseum)

Der Marktplatz während des „Heider Marktfriedens". (Luftaufnahme: Walter Raabe)

Bei der Eroberung 1559, deren entscheidende Schlacht vor und in Heide stattfand, brannten zwei Drittel des Ortes ab, darunter mindestens die Nord- und Westseite des Marktplatzes sowie die Kirche. Auch in der Folgezeit blieb Heide Verwaltungssitz zunächst Mittel-, dann Norderdithmarschens bis 1970, als die Landkreise Norder- und Süderdithmarschen vereint wurden, anschließend des Kreises Dithmarschen. Nach 1559 vergrößerte sich der Platz noch durch Abbrüche nach Süden, so dass die Kirche heute nicht mehr in einem gesonderten Areal, sondern in der Südwestecke des Platzes liegt.

Ausgrabungen des Museums für Dithmarscher Vorgeschichte in den 1980er Jahren an der Nordseite des Marktes erbrachten Befunde und Funde vom Stadtbrand 1559 und davor, die den Übergang von der Holzbauweise mit eingetieften Pfosten zur Ständerbauweise auf Fundamentsteinen sowie die zunehmende Verwendung von Ziegeln zeigten. Mehrere moderne Straßendurchbrüche haben den früher geschlosseneren Eindruck stark verändert. Die heutige Bebauung des Platzes entstammt im Wesentlichen dem 19. und 20. Jahrhundert; weitere Neugestaltungen sind in Vorbereitung. Älter und vergleichsweise gut erhalten sind nur das Pastorat (Markt 27/28) von 1739 und Süderstr. 2 (1733), beide vom gleichen Baumeister Johann Georg Schott.

Volker Arnold

DIE FALLOHFURT BEI ALBERSDORF
Historisches Tor nach Dithmarschen

Zwischen Bunsoh und dem Gieselautal verläuft östlich von Albersdorf eine noch gut erhaltene Teilstrecke des westlichen Heerweges oder Ochsenweges, der von der Eidermündung bis nach Wedel bei Hamburg führte. Der jetzige Wald- und Feldweg ist einer der alten Landwege und war der Hauptweg nach Dithmarschen. Er kommt aus Richtung Grünental entweder direkt von Schenefeld oder von der Hanerauer Zollstelle, überquert bei der Fallohfurt die Gieselau und teilt sich in einen Weg Richtung Tellingstedt und Hennstedt und einen über Riese und Gaushorn nach Heide. Südlich von Albersdorf verlief seit dem Mittelalter ein weiterer überregional bedeutender Handelsweg, die „Lübsche Trade", die von Meldorf über die Wallanlage „Marienburg" bei Dellbrück, Tensbüttel und Grünental ebenfalls zur Zollstelle Hanerau und von dort weiter bis in die Hansestadt Lübeck führte. Es handelte sich hier um eine der frühen Hauptverbindungsachsen, die den Westen Schleswig-Holsteins durch mehrere Teilstrecken mit dem Osten verbanden. Häufig ist festzustellen, dass die Dörfer, wie auch Albersdorf und Bunsoh, etwas abseits dieser alten Wege liegen. Bis zum Beginn des 20. Jahrhunderts führten die Landwege auf der Geest vor allem durch Heideland, das nun völlig verschwunden ist. Der Name Ochsenweg kommt von einem wichtigen Wirtschaftszweig des späten Mittelalters und der frühen Neuzeit: Jütländische Ochsen wurden hier durchgetrieben, in Dithmarschen und Westholstein

Der historische Übergang über die Gieselau an der Fallohfurt ist mit einem Auenbruchwald bestanden. (Foto: R. Stecher)

Im Gieselautal ist in vielen Abschnitten die ursprüngliche Form eines von extensiver Beweidung geprägten breiten Bachtales gut erhalten. (Foto: R. Stecher)

durch Waldweide gemästet, weiter nach Süden bei Itzehoe an die Stör getrieben und von dort per Schiff weiter verhandelt oder bei Hamburg für die Fleischversorgung der Stadt verkauft. Darüber hinaus dienten diese historischen Wege entweder unter geschickter Ausnutzung der Geländegegebenheiten oder auch durch den Bau von Dämmen und Bohlenwegen dem allgemeinen Warenaustausch. Häufig wurde der Wegeverlauf an einzelnen Strecken nach Zustand und Anforderung geändert, so dass es mehrere, teilweise parallele Verläufe gibt. Die Ochsenwege sind heute nicht mehr vollständig erhalten: Häufig wurden die alten Trassen in das moderne Straßennetz integriert, aber auch Kiesabbau sowie Ackerbau haben seine langsame und anhaltende Zerstörung bewirkt.

Die Fallohfurt südöstlich von Albersdorf ist die Stelle, wo der Ochsenweg die Gieselau ohne Brücke querte und am jenseitigen Ufer bald holsteinisches Gebiet erreichte. Die Furt

An der Stelle, wo der nördlich der Gieselau gelegene Wanderweg zur Fallohfurt nach Süden abbiegt, befindet sich am Beginn des Hohlweges eine Informationstafel zum Ochsenweg. (Foto: R. Kelm)

*Zeitgenössische Darstellung einer Ochsentrift um 1860.
(Archiv AG Ochsenweg e. V.)*

des Weges durch die Gieselau ist hier zwar heute stark durch Erlengebüsch zugewachsen, aber unverändert und von großem landschaftlichen Reiz. Es handelt sich um eine typische Furtsituation für eine Durchquerung von kleineren Bächen mit festem Untergrund, die mit Pferd und hochrädrigem Wagen möglich war. Benannt ist die Furt nach der nahegelegenen Flur Falloh (= Fall-Lohe, Lohe ist ein lichter Eichenwald). Nördlich der Furt ist ein Teil des Ochsenweges als charakteristischer Hohlweg ausgeprägt, der durch jahrhundertelanges Befahren eingetieft wurde und erst um 1800 mit den Knickwällen begrenzt wurde. Seit dem Jahr 2003 gibt es einen Walderlebnispfad im Gieselautal (ca. 2,5 km langer Rundwanderweg), der auch die Fallohfurt auf ausgebauten Wanderwegen mit Informationstafeln erschließt.

Die Gieselau, die bis zum Einfluss in den Nord-Ostsee-Kanal ein Einzugsgebiet von ca. 37 km² hat, wird aufgrund ihres verhältnismäßig unberührten Mittellaufs als das schönste Fließgewässer in Dithmarschen bezeichnet. Ursprünglich mündete die Gieselau – vor dem Bau verschiedener neuzeitlicher Kanäle – nordöstlich von Albersdorf in die Eider. Der Mittellauf der Gieselau im Bereich von Albersdorf und Welmbüttel ist durch eine eingeengte Talung mit ausgesprochenen Prallhängen gekennzeichnet. Der Bachlauf pendelt in dem engen Tal hin und her und bildet damit eine besonders reizvolle Auenlandschaft, die durch Aufstauungen in jüngerer Zeit zu bestimmten Jahreszeiten von Überflutungen geprägt wird. Die landschaftlichen Verhältnisse in einem Bachtal der Urgeschichte lassen sich an dieser Stelle sehr gut veranschaulichen.

Rüdiger Kelm

DIE KIRCHE ZUM HEILIGEN KREUZ IN WINDBERGEN

Ein Wallfahrtsort in Dithmarschen

Die Kirche verdankt ihre Entstehung dem Fund einer Figur des Gekreuzigten im Jahr 1495. Dieses bis heute erhaltene Kunstwerk aus Gelbguss dürfte aus dem 11. Jahrhundert stammen und vielleicht in Hildesheim angefertigt worden sein. Stilistisch ist es dem ottonischen Kunststil – beeinflusst von Byzanz – zuzuordnen. Die Figur ist 14,4 cm hoch und hat eine Spannweite von 13,8 cm. Sie weist Reste von Vergoldung auf. Der Gekreuzigte ist im Augenblick des Todes dargestellt, der Kopf leicht nach rechts geneigt. Die Handteller und die Fußstütze sind abgerissen und weisen darauf hin, dass die Figur wohl gewaltsam von einem Kreuz, an dem sie befestigt war, abgerissen wurde. Die starken Korrosionsspuren zeigen deutlich die lange Lagerung der Figur im Erdreich auf.

Sind die Umstände, die dazu führten, dass die Figur – wohl durch Raub oder bei einer Plünderung – aus einer Kirche entfernt und dann als Beutegut vergraben wurde, nicht mehr zu klären, so gibt es doch ein unverdächtiges Zeugnis über die Auffindung des Heiligen Kreuzes. In einem Beschwerdebrief an den Bremer Erzbischof Heinrich II. von Schwarzburg vom 7. Mai 1495 heißt es in deutscher Übersetzung: *„Nun ist vor einiger Zeit auf einem Acker in Wintbergen eine eherne Figur mit ausgestreckten Armen gefunden worden, die überhaupt nicht – wie es sich gehört – mit dem Rücken auf einem Kreuz befestigt ist. Es zeigen sich auch keine Spuren von Wundmalen des Gekreuzigten auf dieser Figur. Ohne jede Genehmigung haben … die … Einwohner des Dorfes Wintbergen im Kirchspiel Meldorf, das zum Bremer Erzbistum gehört, angefangen, dieser aufgefundenen ehernen Figur als einem Bild des Gekreuzigten Ehre zu erweisen und vor ihm zu knien. Außerdem bauen sie für diese Figur eine Kapelle in ihrem Dorf. Aber … der Herr Dekan Nikolaus und das Kapitel der Hamburger Kirche … haben den Wintbergern verboten, dieser Figur Ehre zu erweisen oder vor ihr zu knien. Sie haben ihnen auch verboten, die begonnene Kapelle zu vollenden. Die Wintberger sollten von der weiteren Bauausführung Abstand nehmen und den so weit gediehenen Bau abbrechen und zerstören. Das aber haben die Wintberger nicht getan … Sie sind hartnäckig, wie das bei solchen Landleuten typisch ist, und bleiben hartnäckig bei ihrer unsinnigen Überzeugung!"*

Die Kirche und das heilige Kreuz von Windbergen. (Foto links: J. Bufe; rechts: D. Stein)

Der Brief ist im Hamburger Staatsarchiv erhalten. Über die Folgen der Kreuzauffindung berichtet im 17. Jahrhundert rückblickend der Windberger Chronist Hans Dethleff, dass es eine große Wallfahrt zum Heiligen Kreuz gegeben habe bis zur Zeit Heinrichs von Zütphen 1524. Die Menschen hatten es verehrt, indem sie in Prozession daran vorbeigegangen seien.

In zwei zeitgenössischen Liedern auf die Schlacht von Hemmingstedt 1500 ist davon die Rede, dass die Dithmarscher u. a. ein Kreuz bzw. Kruzifix als Besonderheit mit sich geführt und mit innigem Gebet angesehen hätten, so wie die Juden seinerzeit in der Wüste die eherne Schlange, die Mose zu ihrer Rettung aufgerichtet hatte. Die Feinde seien vor diesem Kruzifix sehr erschrocken. Es liegt nahe, dass es sich dabei um das Heilige Kreuz von Windbergen gehandelt hat.

Nach dem Ende der Wallfahrt durch die Reformation spätestens 1533 blieben doch Erinnerungen. Das Heilige Kreuz blieb in Windbergen. Die Wallfahrtskirche mit ihrem über der Fundstelle errichteten Altar wurde nun als Gemeindekirche genutzt. Der Altar wurde mit einer barocken Holzverkleidung ummantelt und um 1650 mit einem Altaraufbau durch den Bildschnitzer Jürgen Heidtmann d. J. geschmückt. Im Zentrum ist die Szene des Letzten Abendmahls Jesu mit seinen Jüngern dargestellt, umgeben von den allegorischen Figuren des Glaubens und der Hoffnung. 1709 wurde der Altar um zwei Abendmahlsbänke erweitert, die in guter Schnitzarbeit die vier Evangelisten zeigen. Als 1742 die alte Kirche abgebrochen und größer wieder aufgebaut wurde, wird man sich im Großen und Ganzen an das Vorbild des Vorgängerbaus gehalten haben, denn den alten steinernen Wallfahrtsaltar ließ man stehen. Der einzige Zugang zur Kirche, die Nordtür, wurde in Höhe des Altars errichtet, so dass man, wenn man die Kirche betrat, gleich zum Altar kam. Interessanterweise war es bis ins 20. Jahrhundert üblich, dass die Gottesdienstbesucher zum Abendmahl den Altar umrundeten. Auch das könnte eine Erinnerung an die alte Wallfahrt gewesen sein.

Der Altar der Kirche von Windbergen.
(Foto: D. Stein)

Im Zusammenhang mit der geplanten Einrichtung des Jakobsweges durch Dithmarschen ist seit wenigen Jahren die Wallfahrtstradition wiederaufgenommen worden als ökumenische Wallfahrt zum Heiligen Kreuz.

Seit 1742 hat sich in der Kirche manches verändert. Die alte Kanzel wurde mit dem Altar zu einem Kanzelaltar verbunden, was um 1740 in Dithmarschen Mode war. Der alte Taufstein aus der Zeit um 1500 ist erhalten und hat die Form einer kleinen Säule. 1955 wurde im Westen ein kleiner Anbau errichtet und der Haupteingang dorthin verlegt.

Dietrich Stein

DIE DUSENDDÜWELSWARF BEI HEMMINGSTEDT
Vom Mythos einer Schlacht

Am 17. Februar des Jahres 1900 wurde auf der Warft bei Epenwöhrden mit großen Feierlichkeiten ein Denkmal enthüllt, und Feier wie Denkmal kamen einer patriotischen Demonstration gleich. Bis auf den heutigen Tag wird damit die Erinnerung an den 17. Februar des Jahres 1500 wachgehalten. Dithmarschen war dazumal ein wohlhabender, genossenschaftlich organisierter republikanischer Bund, also ohne Fürsten als Landesherrn – nur nominell unterstand es dem Erzbischof von Bremen. Bis 1481 konnte der dänische König Christian seinen Anspruch, den er auf die Landschaft Dithmarschen erhob, nicht durchsetzen. Seit 1481 sah die Lage anders aus: Nun regierten der dänische König Johann, zumeist Hans genannt, und dessen Bruder Friedrich, Herzog des Gottorfer Anteils. Johann hatte die „Schwarze Garde" angeheuert, eine mittelalterliche Söldnertruppe, und mit ihr die aufmüpfigen Schweden zur Räson gebracht. Johann war nun nicht nur Herzog von Holstein und König von Dänemark, sondern auch König von Schweden und Norwegen. Jetzt wandte er sich Dithmarschen zu. Auch dafür setzte er auf die „Schwarze Garde", sie versammelte sich am 8. Februar 1500 mit etwa 4000 Mann bei Neumünster. Dazu stießen Adlige aus Jütland und den Herzogtümern, gemeinsam mit Rittern aus Oldenburg, Braunschweig, Lüneburg, der Mark Brandenburg und anderen Territorien, etwa 2000 Berittene, davon etwa ein Viertel schwer gepanzerte Reiter. Zudem geboten die Fürsten über eine Landwehr aus Bauern und Bürgern, ungefähr weitere 5000 Mann. Mit rund 30 Kanonen und 1000 Wagen zur Versorgung der Truppen und zum Abtransport der erwarteten reichen Beute setzte sich der Tross in Richtung Westen in Bewegung. Am Morgen des 11. Februar trat das Heer von 12 000 Mann zum Angriff auf Dithmarschen an. Dort haben im 16. Jh. rund 35 000 Menschen gelebt, wehrpflichtig war jeder männliche Einwohner vom 14. Lebensjahr an. Vom Wehrdienst befreit war erst der Greis, der nicht mehr ohne Stock zur Kirche gehen konnte. So kamen etwa 6000 bis 7000 Mann unter Waffen. Ausgerüstet waren die Dithmarscher in etwa so wie ihre Angreifer, sie mussten nicht mit Mistforken kämpfen, sondern hatten Helme und Harnische, Schwerter und Hellebarden, Büchsen und Armbrüste. Das Heer der Fürsten startete zunächst einen Scheinangriff gegen Heide, schwenkte dann nach Südwest auf Albersdorf zu und rückte sodann auf Meldorf vor, den

Das Denkmal aus dem Jahre 1900 errichtet zum 400-jährigen Jubiläum der Schlacht von Hemmingstedt. (Foto: W. Siems)

alten Hauptort Dithmarschens. Hier richtete das fürstliche Heer ein Blutbad unter Zurückgebliebenen an – Alte und Kranke, Frauen und Kinder. Die Fürsten waren nicht auf Widerstand getroffen, sie wähnten sich als Sieger, und die Nachricht von der Niederlage der Dithmarscher verbreitete sich wie ein Lauffeuer.

Am 17. Februar sollte es über Heide nach Lunden gehen – mehr Sieges- als Feldzug. Zwischenzeitlich war das Wetter schlechter geworden, aber Warnungen vor aufgeweichten Wegen wurden in den Wind geschlagen. Die Dithmarscher hatte ihr Hauptquartier nach Wöhrden verlegt, dort rangen sie um die richtige Verteidigungsstrategie. Einer von ihnen, Wulf Isebrand, hatte vorgeschlagen, eine Schanze über den alten Heerweg zwischen Meldorf und Hemmingstedt aufzuwerfen, um das Heer zu stoppen und um im Schutz der Schanze angreifen zu können. In der Nacht zum 17. Februar waren etwa 300–400 Männer ausgerückt, um das Hindernis zu errichten und mit einigen Kanonen zu bestücken.

Schlachtenpanorama im Pavillon bei der Dusenddüwelswarft. (Foto: W. Siems)

Der genaue Ort der Schanze ist bis heute unbekannt, und das trotz diverser archäologischer und geographischer Untersuchungen. Die jüngste Grabung fand im Jahr 1996 statt, wo durch das Museum für Dithmarscher Vorgeschichte bei Epenwöhrden u. a. ein Massengrab der Angreifer entdeckt werden konnte.

Der Heerwurm der Fürsten – die „Schwarze Garde" vorneweg, die Landsknechte und die Landwehr, die Ritter mit Gefolge – hatte sich in Bewegung gesetzt, es folgten die Artillerie und der Tross, aber es ist fraglich, ob die Wagen Meldorf überhaupt verlassen haben. Links und rechts des Wegs stieg der Wasserspiegel in den Gräben, die Dithmarscher hatten die Siele geöffnet und die Flut drückte das Wasser ins Land. Plötzlich stockte der Zug, auf dem Weg eingeklemmt, von der Schanze krachten die Geschütze. Die Landsknechte wollten die Schanze unter Beschuss nehmen, ohne Erfolg. Die Dithmarscher stießen dem Heerzug in die Flanken, der Überlieferung nach angefeuert von einer „Jungfrau Telse von Hohenwöhrden" mit einem Banner und ermutigt durch den Schlachtruf „Help, Maria milde!". So schlugen die Bauern die Garde in die Flucht, und Ritter und Reiter ebenso. Es kam zu einem wilden Gemetzel – man muss von 4000 Toten ausgehen. Dem König von Dänemark blieb bloß noch die Flucht. Die Niederlage der Fürsten war total: Freie Bauern hatten den Angriff des Adels erfolgreich abgewehrt, sie hatten sich die Naturgewalten listig zu Verbündeten gemacht. Aus dieser Geschichte wuchs der Mythos von den siegreichen Dithmarscher Bauern – von Dichtern und Künstlern verklärt. Die Bauernrepublik erlebte eine Blütezeit, bis sie 1559 einem erneuten Angriff der Fürsten unterlag.

Frank Trende

DIE KIRCHE ST. JÜRGEN IN HEIDE
Ein Zeuge der mittelalterlichen Geschichte Dithmarschens

Die dem Heiligen Georg („Jürgen") geweihte Kirche im Zentrum von Heide entstand als Kapelle, die zum Kirchspiel Weddingstedt gehörte. Im Jahr 1438 ist sie zum ersten Mal belegt. Ihre Ursprünge sind ungewiss. Denkbar ist es, dass sie für die Bedürfnisse der hier seit 1434 stattfindenden Landesversammlungen angelegt wurde, möglicherweise schon früher für die Heerschau des Wehrbezirkes „Mitteldöfft", die hier stattgefunden haben könnte. Eine andere denkbare, aber unbelegte Möglichkeit ist, dass sie zu einem „Gasthaus" (Hospital) gehörte, denn die dazugehörigen Kapellen waren neben der Heiligen Gertrud oft dem Heiligen Georg gewidmet. Der Bau befand sich auf einem Areal, das unmittelbar mit dem nördlich anschließenden, größeren Versammlungsplatz verbunden war.

Schon in vorreformatorischer Zeit entstand der in Grundzügen noch stehende Kirchenbau in seiner heutigen Länge, aber ohne die südliche Erweiterung. Die Strebepfeiler am gotisch gebrochenen Chor deuten an, dass eine Einwölbung des Chores ausgeführt oder zumindest geplant war. Damit hatte die Kapelle – den Bedürfnissen des schnell aufstrebenden Gemeinwesens angepasst – eine Größenordnung erreicht, die den größeren Dorf-

Die St.-Jürgen-Kirche von Süden.
(Foto: J. Bufe)

Die St.-Jürgen-Kirche in einer historischen Aufnahme von 1950.

kirchen gleichkam. Allerdings kam es erst 1532, also bereits nach der Reformation, zur Ausbildung eines selbständigen Kirchspiels, wodurch die Abhängigkeit von Weddingstedt entfiel. Flächenmäßig blieb das Heider Kirchspiel wegen seiner späten Entstehung allerdings stets bescheiden.

Bei der Eroberung Dithmarschens 1559 – der sogenannten „Letzten Fehde" – brannte die Kirche ab, nur die Außenmauern überstanden den Brand. Danach wurde sie in kurzer Zeit wieder aufgebaut und erhielt 1694–1696 den nach Süden gerichteten Erweitungsbau sowie 1739 den heutigen Westgiebel durch Johann Georg Schott. Der damals gerade gerichtete hölzerne Westturm dürfte im 17. Jh. entstanden sein.

Von der mittelalterlichen Ausstattung haben sich einige Stücke erhalten, von denen nicht immer sicher ist, ob sie ursprünglich zur Kirche gehört haben. Das Relief über dem Westeingang (Kopie, Original im Kircheninneren) ist eine Stiftung eines Geistlichen im Anschluss an dessen Pilgerfahrt nach Jerusalem. In der Kirche erhielt sich neben den Reliefs eines spätgotischen Altars ein kleines, ebenfalls spätgotisches Taufbecken. Von der nachmittelalterlichen Ausstattung sind die Taufe von 1641 von Jürgen Heitmann d. J., die ein halbes Jahrhundert ältere Kanzel und der Barockaltar von 1699 zu nennen, ferner die bemalten Brüstungsfelder der Nordempore und einzelne Wangen mit den Wappen der Dithmarscher Geschlechter vom ehemaligen Gestühl. Bis 1825 umgab ein Friedhof die Kirche. Zwischen den außen liegenden historischen Grabplatten aus Wesersandstein ist ein ähnlich gestalteter Sühnestein bemerkenswert, der an einen 1567 vorgefallenen Mord erinnert.

Volker Arnold

Detailansichten im Kircheninneren.
(Foto: J. Bufe)

DIE FRÜHEN DEICHE
UND DIE INSEL BÜSUM

Die ersten Marschen an der Dithmarscher Küste sind nach und nach durch Meeresablagerungen entstanden. Seit etwa 2000 Jahren wird in der Marsch gesiedelt und Landwirtschaft betrieben. Anfangs bauten die Menschen ihre Häuser zu ebener Erde, später auf künstlichen Hügeln – den Wurten. Im Hohen Mittelalter entstanden teilweise große Dorfwurten. Der Bau von Deichen erfolgte in Schritten dort, wo schon nutzbares Land entstanden war. Um einen Marschengürtel für die Landwirtschaft zu sichern, wurde ein erster Festlandsdeich gebaut, dessen Fertigstellung um 1100 anzunehmen ist. Seitdem ist die Dithmarscher Küste durch einen geschlossenen Deich geschützt. Er verlief in annähernd nordsüdlicher Richtung von Brunsbüttel über Marne vorbei an Meldorf über Wöhrden und dann im Bogen um die Nordermarsch mit Wesselburen bis an die Lundener Nehrung. Als Basis für die Deiche dienten vermutlich schon vorher bestehende Verbindungswege zwischen den Dorfwurten, die schon dammartig erhöht gewesen sein dürften. In Verbindung mit dem Ausbau von Entwässerungsgräben war eine intensive Landwirtschaft in den Marschen möglich. Da gelegentliche Sturmfluten und das Winterhochwasser die Deiche noch überwanden, wurden auch neue Dörfer weiterhin auf Wurten errichtet.

Der spätere mittelalterliche Deichbau brachte nur wenig neuen Landgewinn. Gründe hierfür werden die noch nicht voll entwickelte Bautechnik und das Fehlen eines über lokale

Deichmuseum bei Büsum – Hier werden die verschiedenen Bauformen der Deiche vom Mittelalter bis in die Neuzeit erläutert. Auf dem ganzjährig frei zugänglichen Gelände sind Nachbauten verschiedener Deichformen zu sehen. Ein Pegel zeigt die Wasserstände der großen Sturmfluten. (Foto: A. Schroeder)

Räume hinausreichenden Interesses für den Gewinn neuen Landes gewesen sein. Dies änderte sich nach der verlorenen Eigenständigkeit Dithmarschens im Jahre 1559, da nun durch das wirtschaftlich begründete Interesse eines Landesherrn, übergeordnete Angelegenheiten – wie die Eindeichung neuen Landes – organisiert werden konnten. Aber schon seit der Mitte des 15. Jahrhunderts wurde die Landgewinnung verstärkt durch den Bau von Kögen vorangetrieben.

Von besonderer Art waren die Ausgangsbedingungen für die Büsumer. Als der Ort zum ersten Mal erwähnt wird, handelt es sich noch um eine Insel vor der Dithmarscher Küste. Laut einer Urkunde von 1140 des Adalbert von Bremen – Bischof von Bremen und Hamburg – befand sich auf der Insel eine der frühen Kirchen Dithmarschens. Die Marscheninsel Büsum war seit dem 12. Jh., wie auch das Festland, von einem Deich umgeben. Der heutige Ort Büsum mit der St.-Clemens-Kirche ist auf einer mittelalterlichen Wurt erbaut. Der Hafen lag ursprünglich am östlichen Entwässerungssiel. Im Zuge von Veränderungen bei der Entwässerung wurde er in den Außenpriel des westlichen Deichsieles verlegt. Erst im 18. Jh. wurde der Hafen infolge der Sturmfluten von 1717 und 1720 in den Ort verlegt.

Die Sturmfluten der Jahre 1362, 1436 und 1570 richteten überall an den Deichen Schäden an, und sie mussten erhöht werden. Im Süden der Insel Büsum waren große Landverluste zu beklagen. Der größte Teil der Insel ging nach und nach verloren und wurde wieder zu Watt. Im Norden dagegen war ein Landzuwachs zu verzeichnen, so dass sich die Insel dem Festland annäherte. Hier konnte um 1400 der Büsumer Koog angedeicht werden. Es folgten bis 1452 der Neuenkoog und 1577 der Grovenkoog. Reste des mittelalterlichen Inseldeiches sind im Verlauf des sog. Schweinedeiches zu vermuten, der bis zum Bau des Grovenkoogs als nördlicher Inseldeich diente. Allerdings konnten bei archäologischen Untersuchungen in den 1980er Jahren durch die Arbeitsgruppe Küstenarchäologie des Forschungs- und Technologiezentrums Westküste in Büsum dort keine mittelalterlichen Deichreste mehr festgestellt werden. Gut sichtbar erhalten ist der Neuenkooger Deich entlang der B 203 bei Österdeichstrich. Mit dem Bau eines Verbindungsdeiches, dem Wardamm, wurde der Wardstrom durchdämmt und Büsum 1585 an die Dithmarscher Nordermarsch angedeicht. Der Wardammskoog wurde 1609 geschlossen.

Nachdem die Sturmflut von 1717 den Deich des Grovenkooges zerstört hatte, wurde 1722 der Büsumer Neuenkoog zur Verstärkung der westlichen Deichlinie errichtet.

Anke Schroeder

Büsum Ende des 18. Jahrhunderts. Durch natürlichen Landzuwachs und Deichbau im Norden der Insel wurde die Verbindung zum Festland erreicht. Der Bau des Wardammes war 1585 der erste Schritt zur Anbindung Büsums an das Festland, der die Erhöhung der beiderseitigen Marschen begünstigte. Der Wardammskoog wurde 1599–1609 eingedeicht.

Erst sehr viel später entstanden die oktroierten Köge – 1696 der Hedwigenkoog und 1714 der Friedrichsgabekoog (Ausschnitt aus: Topographisch Militärische Charte des Herzogtums Holstein 1789–1796, Varendorfsche Karte).

LANDGEWINNUNG STÜCK FÜR STÜCK
Die Dithmarscher Köge

Außerhalb des ersten durchgehenden mittelalterlichen Seedeiches bildeten sich neue Marschflächen, die als Köge durch weitere Deiche gesichert wurden. Die ersten Köge entstanden im 14. und 15. Jh. in der Südermarsch und am nördlichen Rand der Insel Büsum sowie westlich vor Wesselburen. Mit der Fertigstellung des Meldorfer Kooges (577 ha) im Jahre 1620 endete eine erste Ausbauphase, in der insgesamt 11.356 Hektar Marschland eingedeicht wurden. Bis zum Bau des Speicherkoogs 1978 kamen weitere 21.500 Hektar hinzu.

Eine neue Phase der Landgewinnung beginnt sieben Jahrzehnte später mit der Eindeichung des Hedwigenkooges im Jahre 1696. Gleichzeitig stellt der Hedwigenkoog eine besondere Deichbaumaßnahme dar. Zum einen war der Koog mit 1126 ha sehr groß dimensioniert, zum anderen aber war der Deichbau anders organisiert als bisher.

Die älteren Deichbaumaßnahmen waren zwar vom Landesherrn angeordnet, aber dann genossenschaftlich von den hinter dem Deich wohnenden Anrainern durchgeführt worden. Dadurch erhielten sie das Recht an dem neuen Boden. Den Anstrengungen zur Bedeichung des Hedwigenkooges lag hingegen ein „General-Oktroy" des Herzogs Friedrich IV. von Gottorf zugrunde. Dieses war ausgestellt auf den Geheimen Etatsrat J. L. von Pincier. Damit hatte der Herzog Pincier ermächtigt, eine Bedeichung an allen Orten der Landschaft Norderdithmarschen auf eigene Kosten durchführen zu dürfen. Über den neuen Koog sollte er freie Verfügungsgewalt haben, und in der Verwaltung und Rechtsprechung sollte er privilegierte Rechte genießen.

Gegen den Widerstand der benachbarten Kirchspiele Wesselburen und Büsum konnte Pincier den neuen Koog bereits im September 1696 fertigstellen. Er erhielt seinen Namen nach Hedwig Sophie, der Ehefrau des regierenden Herzogs Friedrich IV.

Der Hedwigenkoog stand unabhängig neben der Landschaft Norderdithmarschen. Die Einwohner erhielten Zollfreiheit, Gewerbefreiheit sowie freie Jagd und Fischfang. Angesichts der Privilegien gegenüber den Anrainern hatte der Wesselburener Kirchspielsvogt Claus Dethlefs einen anderen Namen für den Koog, der außerhalb der traditionellen Gepflogenheiten errichtet worden war: *„Nun so wollen wir's Gott im Himmel klagen, der ein gerechter und gnädiger Gott ist. Der Koog mag einen Namen kriegen, wen er will, der Tränenkoog wird doch sein bester Name sein, den wird er behalten, solange noch ein Stück vom Koog vorhanden ist."*

Pincier teilte das Koogland zunächst in wenige große Höfe auf. Durch die Sturmfluten von 1717 und 1720 wurden die Ländereien stark geschädigt, und erst 1723 konnte der Koog wiederhergestellt werden. Nicht alle Betriebe konnten die Schäden wirtschaftlich überleben. Im Jahre 1725 gab es im Hedwigenkoog 17 Höfe, die nur 10 Eigentümern gehörten. Diese kamen aus dem Hofadel oder waren hohe Beamte, die das Land durch Pächter bestellen ließen. Die Betriebsgröße der Höfe betrug durchschnittlich 61,5 ha, was für das 18. Jh. enorm groß war. Die Hofbesitzer erhielten Steuerfreiheit für die ersten 18 Jahre. Zusätzlich standen 1725 fünf Kätnerhäuser im Koog.

Die Anzahl der Höfe erhöhte sich bis 1855 nicht, allerdings wuchs die Anzahl der Eigentümer. 1908 gab es dann 20 Höfe.

Ähnlich wie der Hedwigenkoog war auch der 1714 eingedeichte Friedrichsgabekoog aus dem fürstlichen Oktroi an höfische Günstlinge vergeben. Das Besondere dabei war, dass sich das einzudeichende Land auf das Gebiet der beiden Landschaften Norder- und Süderdithmarschen erstreckte. So gab es auch ein doppeltes Oktroi vom dänischen König für den Südteil (7 Zehntel) des neuen Kooges und des Gottorfer Herzogs für den nördlichen Teil (3 Zehntel). Auch im Friedrichsgabekoog bestanden für die Landbesitzer umfangreiche Steuerfreiheiten, Jagd- und Fischgerechtigkeit sowie Gewerbefreiheit. Beide Köge verwalteten sich außerhalb der Landschaften Norder- und Süderdithmarschen selbst.

Anke Schroeder

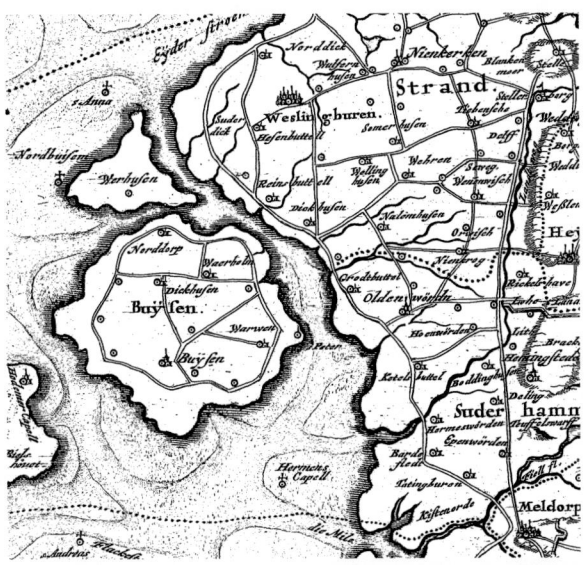

1559 – Noch ist Büsum eine Insel. Die Doppellinien auf der Karte sind mal Deiche und mal Wege, mitunter beides. Im Norden eine unbedeichte Marschfläche, die Teile des späteren Hedwigenkooges umfasst. Ausschnitt aus der „Landcarte von Dithmarschen, Anno 1559" des Johannes Meier. In: Caspar Danckwerth, Newe Landesbeschreibung der zwey Hertzogthümer Schleswich und Holstein, 1652.

DAS ALTE PASTORAT IN MELDORF
Wechselvolle Nutzungsgeschichte
eines bedeutenden Gebäudekomplexes

Die kleine Stadt Meldorf weist insgesamt zwanzig in das Denkmalbuch des Landes Schleswig-Holstein eingetragene Kulturdenkmale auf, mehr als jeder andere Ort in Dithmarschen. Neben Dom, einigen Wohnhäusern, den Resten des Dominikanerklosters und dem gesamten Gebäudekomplex des Dithmarscher Landesmuseums zählt auch das sog. Alte Pastorat an der Papenstraße dazu. Unter Einbeziehung älterer Gebäudeteile um 1600 zum Wohnhaus erweitert, stellt es den Typus des sog. Marschbürgerhauses in seiner lokalen Ausprägung des 16. und 17. Jahrhunderts dar. Besondere Bauelemente sind der kapellenartige Abschluss des Langhauses im Osten, der reich verzierte und mit einer lateinischen Inschrift versehene Backsteingiebel nach Westen sowie der südliche zweigeschossige Fachwerkanbau. Nur sehr wenige Beispiele dieses an der Westküste Schleswig-Holsteins einst weitverbreiteten Haustyps blieben erhalten.

Die jahrhundertelange Nutzungsgeschichte des markanten Bauwerks ist bewegt und nicht für alle Zeiten eindeutig zu klären. Der Überlieferung nach gehörte der ältere Teil im Osten als Kapelle zum Meldorfer Dominikanerkloster, das mit der Reformation endgültig aufgegeben wurde. Aber schon vorher diente das Gebäude dem Meldorfer Pastoren Nicolaus Boie als Wohnstätte, der hier dem Reformator Heinrich von Zütphen während seines Aufenthaltes in Meldorf Unterkunft gewährte. 1601 wurde der gesamte Westgiebel der ehemaligen Kapelle erneuert, und es entstand das Pastorat in Form eines zeittypischen Bürgerwohnhauses mit einer damals modernen Fassade. In den folgenden Jahrhunderten wurde es vielfach umgebaut und umgenutzt. Lange diente es als Pastorat, während der Renovierung des Doms in der 2. Hälfte des 19. Jahrhunderts sogar als „Ersatzkirche", und später waren hier zeitweise das „Museum Dithmarsischer Altertümer" (heute Dithmarscher Landesmuseum) und später die 1896 gegründete Museumsweberei untergebracht. Am Ende des 20. Jahrhunderts befand sich das Stadtbild prägende Gebäude in einem erbarmungswürdigen baulichen Zustand und galt als „aufgegeben"; der drohende Abriss zeichnete sich ab. Dank der engagierten Zusammenarbeit vieler am Erhalt interessierter Menschen, der Gründung einer Bürgerinitiative und der Entwicklung eines zukunftsfähigen Nutzungskonzepts in Zusammenarbeit mit der Stiftung Mensch und dem Denkmal-

Das „Alte Pastorat" in Meldorf. (Foto: Werner Siems)

amt konnte der Abriss in letzter Minute verhindert werden. Sorgfältig saniert und restauriert erstrahlt das Gebäude heute in wiedergewonnenem Glanz und dient den von der Stiftung betreuten Menschen als Arbeitsstätte in Weberei und Töpferei.

Jutta Müller

DIE JACOBUS-KIRCHE IN BRUNSBÜTTEL
Vom erzwungenen Umzug einer Siedlung

Die Geschichte der Brunsbütteler Kirche ist eng verknüpft mit der des Ortes. Bedingt durch die Lage am Elbufer, mussten die Bewohner mindestens einmal den gesamten Ort verlagern.

Während Brunsbüttel bei den Sturmfluten des 14. und 15. Jahrhunderts, die große Schäden an der übrigen Nordseeküste angerichtet hatten, offenbar verschont geblieben war, hatte die Elbe ihr Flussbett immer weiter nach Norden verlagert. Erstmals werden Landverluste im Raum Brunsbüttel in Verbindung mit der Sturmflut vom 2. 11. 1532 genannt, über die der Chronist Neocorus knapp zusammenfassend berichtet: „In summa alle Marschenländer an der Elve und Eider sin averlopen und jammerlich verdorven." Ob schon zu einem früheren Zeitpunkt ein Vorgängerort mit dem Namen „Uthaven" durch Uferabbrüche an der Elbe verloren ging, ist in der Forschung umstritten.

Spätestens im 17. Jh. war aber auch Brunsbüttel gefährdet. Die Bewohner müssen sich seitdem gefragt haben, ob die Deichanstrengungen auf Dauer erfolgreich sein würden.

Der Brunsbütteler Bauer und Kirchspielsvogt Matthias Boie schenkte 1652 dem Kirchspiel Land zur Anlage eines neuen Friedhofs, und zwar unter der Bedingung, dort beerdigt zu werden. Vielleicht ahnte er, dass die Deiche nicht ewig halten würden. Der Friedhof wurde 1654 im Karree angelegt, dort, wo heute die Kirche steht.

Die schweren Sturmfluten im August 1673 und Januar 1674 führten zu dem Entschluss, den gesamten Ort landeinwärts zu verlegen. Dazu wurde in diesem Jahr eine Eingabe an den königlich-dänischen Statthalter in Glückstadt gerichtet, in der um die Erlaubnis zur Ausdeichung des Ortes gebeten wurde.

Als Ort der Verlegung bot sich das Gelände um den neuen Friedhof an. Zu diesem einen Morgen Land wurden weitere 8 Morgen erworben. Der Schulmeister Johann Boye aus Mühlenstraßen (einem ehemals eigenständigen Ort im heutigen Stadtgebiet von Brunsbüttel) steckte den Grundriss des neuen Ortes ab, und im Februar 1675 erwarben 37 Familien Grundstücke im neuen Brunsbüttel. Ganze Häuser wurden abgetragen und das Material für die Neubauten wiederverwendet.

Rund um den Kirchplatz entstanden zunächst die Norderstraße, die Westerstraße (heute Reichenstraße), die Österstraße und die Sackstraße, die damals offenbar am Fleth endete und somit eine Sackgasse war. In einem zweiten Besiedlungsschub in den Jahren 1679/80 wurden 30 neue Grundstücke verkauft. Die weitere Besiedlung erfolgte auf der östlichen Seite der Westerstraße und beiderseits der Norderstraße.

Der Kirchenbau konnte nicht sofort umgesetzt werden, es mangelte – angesichts der gewaltigen finanziellen Lasten, die der Umzug des gesamten Ortes mit sich brachte – am Geld. Bis 1677 wurden deshalb die Gottesdienste noch in der Kirche in dem verlassenen alten Ort Brunsbüttel abgehalten. Im Juni 1677 konnte dann der Grundstein für die Kirche im neuen Brunsbüttel gelegt werden. 1678 war sie bereits fertiggestellt, und 1679 wurde sie vom Propst Cajus Ahrends eingeweiht. Die Brunsbütteler Bauherren hatten sich beim Kirchenbau von dem 1653 in Oberndorf an der Elbe errichteten Kirchenbau inspirieren lassen. Gebaut wurde die Kirche vom Stadt- und Maurermeister Daniel Sommer aus Stade und vom Zimmermeister Jürgen Schmackels aus Oberndorf. Der größte Teil der Ausstattung der alten Kirche wurde in die neue Kirche übernommen, darunter der vermutlich noch mittelalterliche Altaraufsatz, die kostbare Orgel von 1601 und sogar die Grabsteine. Bis 1680 waren zusammen mit der Kirche, dem alten und neuen Pastorat sowie der Schule etwa 70 neue Gebäude entstanden.

Die Brunsbütteler Jacobus-Kirche wurde in ihrer heutigen Form 1678 erbaut und im 18. und 19. Jh. umfassend erneuert. Der einfache Saalbau mit fünfseitigem Ostabschluss, Stützpfeilern an der Außenmauer und einfachem Satteldach folgt noch der spätgotischen Bauweise. Zeittypisch sind dagegen die großen Rundbogenfenster, der in Form eines Dachreiters ausgeführte barocke Turm von 1726, das Tonnengewölbe über dem Innenraum und die Ausstattung (Foto: A. Schroeder).

Die Freude über die neue Kirche währte nicht lange. Während eines Gottesdienstes am 12. 11. 1719 kam es zu einem Unglück, als ein Blitz in die Kirche einschlug und das Gotteshaus in Flammen aufging. Es brannte bis auf die Grundmauern nieder. Nur Taufe, Kanzel, das Altargerät sowie das Boie-Epitaph wurden gerettet.

Wieder vergingen einige Jahre, bis ein erneuter Wiederaufbau abgeschlossen werden konnte. 1724 war es so weit: Seitdem hat die Brunsbütteler Jacobuskirche ihre heutige Gestalt.

Anke Schroeder

DIE ALTEN HÄFEN
AM BEISPIEL VON WÖHRDEN

Die Dithmarscher haben traditionell eine besondere Verbindung zum Wasser. Sei es nun die Nordsee, die Priele oder die Flüsse, das Wasser war lange Zeit der Hauptverbindungs- und Transportweg zwischen den Siedlungen in Dithmarschen untereinander und der restlichen Welt. Deshalb verwundert es nicht, dass es entlang der Küste und an den Flüssen Eider und Elbe eine Vielzahl von Häfen gibt und noch viele weitere in der Vergangenheit gab. Über sie kamen die Waren aus den Niederlanden, England und den Hansestädten ins Land und die Dithmarscher Bauern verschifften von dort ihren Getreideüberschuss ins europäische Umland. Speziell Friedrichskoog diente der Hanse im Spätmittelalter als Anlaufhafen bzw. Umladehafen auf der Handelsroute zwischen England und Hamburg.

Die verkehrsgünstige Anbindung an die Nordsee brachte aber auch Probleme mit sich. Zum einen das Zusammenspiel der Elemente, was gut auf alten Karten zu erkennen ist, denn der Küstenverlauf von Dithmarschen war einem steten Wandel unterworfen. Während die Friesen im Norden immer mehr Land an die Nordsee verloren, spülte die See es in großen Mengen an die Küste von Dithmarschen. So entstand durch die natürliche Versan-

Lithografie vom Hafen vor Wöhrden, um 1850. (Foto nach einem Gemälde: Archiv Dithmarscher Landesmuseum)

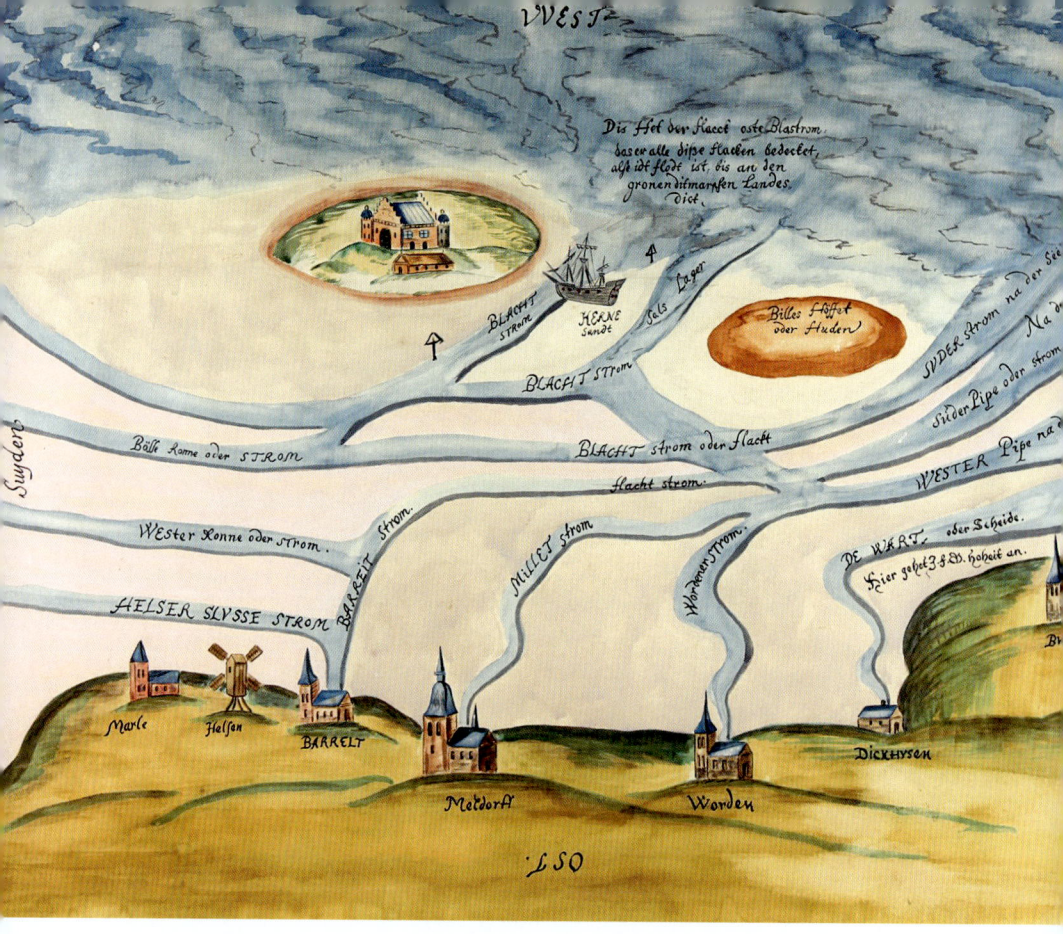

Karte des Wattenmeeres an der Dithmarscher Küste, 1935. Original von 1613, Karte ist gewestet. (Foto: Archiv Dithmarscher Landesmuseum)

dung und die im Mittelalter beginnende Eindeichung nach und nach der heute bekannte Küstenverlauf. Um weiterhin Zugang zum Meer zu haben, musste der Hafen, der ursprünglich an der Siedlung lag, im Laufe der Zeit mehrmals verlegt werden.

Ein gutes Beispiel dafür ist die Siedlung Wöhrden. Im Mittelalter gegründet, war der Hafen von großer regionaler Bedeutung für die Versorgung des Hinterlandes. Lag der erste Hafen noch direkt am Ort, worauf u. a. die Straßenbezeichnung „Hafenstraße" hinweist, entfernte er sich immer weiter von seinem Ursprung. Am Anfang des 17. Jahrhunderts das erste Mal und dann noch einmal Mitte des 19. Jahrhunderts. Neben der nun kilometerweiten Entfernung zur eigentlichen Siedlung gab es weitere Probleme, z. B. mit den Gezeiten und der geringen Wassertiefe. Die transportierten Frachtmengen nahmen immer mehr zu und erforderten größere Schiffe mit mehr Tiefgang, die dadurch nicht mehr jeden Hafen in Dithmarschen anlaufen konnten. Außerdem lag teilweise, wie z. B. in Wöhrden, die Anlegestelle vor dem Deich und war deshalb nur sehr begrenzt vergrößerbar. Die Folgen sind im Frachtumschlag und in den Zolleinnahmen zu erkennen. So verlor Wöhrden in den 1840er Jahren seine bedeutende regionale Rolle an den Hafen von Büsum. Die größte Umstellung ergab sich aber am Ende des 19. Jahrhunderts: Der Eisenbahnbau erreichte die Westküste von Schleswig-Holstein und leitete die Verlagerung der Verkehrswege vom Wasser auf das Land ein. Das bisher abgeschnittene Hinterland war nun direkt mit den überregionalen städtischen Zentren wie Hamburg verbunden. Fracht konnte jetzt schnell und wetterunabhängig transportiert werden. Dieser Effekt verstärkte sich noch mit dem Ausbau des Straßennetzes. Der Hafen von Wöhrden diente deshalb ab 1900 fast ausschließlich den Fischern als Heimat, bis diese nach dem Zweiten Weltkrieg nach Büsum abwanderten. Der Hafen diente nur noch als Badestelle, und 1978 – mit der Eindeichung des Speicherkoogs – endete schließlich das Kapitel des Hafens von Wöhrden endgültig.

Die Auswirkung der Verlagerung der Verkehrswege vom Wasser auf das Land ist am Beispiel des Neufelder Hafens deutlich zu erkennen, der zwischen 1842 bis 1884 einen Rückgang von ca. 90 % im Schiffsverkehr zu verzeichnen hatte. Der Güterumschlag hat sich nach und nach ins nahegelegene Brunsbüttel an dem Knotenpunkt von Nord-Ostsee-Kanal und Elbe bzw. auch direkt nach Hamburg verlagert. Der Hafen in Neufeld dient wegen seiner flachen und schwierigen Zufahrt heute nur noch Hobbyseglern und Freizeitfischern als Anlegestelle.

Arne Voß

HOL ÜBER!

Fähr- und Schiffsverkehr auf der Eider
am Beispiel der Bargener Fähre

Die Küsten- und Flussschifffahrt war für den Warenhandel bis ins 19. Jh. ein entscheidender Faktor für die Wirtschaftskraft der Region, bevor andere Transportmittel aufkamen.

Flüsse trennen aber auch. Zwischen Dithmarschen und Stapelholm existierte bis zum Bau der Eisenbahnlinie von Heide nach Friedrichstadt 1887 keine feste Transportverbindung über die Eider. Der Fluss konnte nur mit Fähren überquert werden.

Bis Rendsburg gab es zu dieser Zeit sieben Fährstellen, an denen die Eider eine Breite von mindestens 80 Metern hatte. Eine Fähre verkehrte zwischen Schwienhusen bei Delve und Bargen bei Erfde. Der älteste urkundliche Beleg für diese Fährverbindung stammt aus dem Jahre 1554. Bis 1830 war der jeweilige Fährmann Pächter auf Zeit, danach galt die Regelung der Erbpacht. Die Fährschiffe waren anfangs einfache Kähne.

Durch den Bau des Schleswig-Holsteinischen Kanals 1777–1784 (ab 1853 als Eiderkanal bezeichnet), erlebte die gesamte Region einen wirtschaftlichen Aufschwung. Überregionaler Handel war nun von der Nordsee bis zur Ostsee quer durch Schleswig-Holstein möglich. Auch die kleinen Häfen an der Eider profitierten davon. Delve blieb zwar im Landesvergleich ein kleiner Umschlagplatz, setzte aber immerhin um 1840 nennenswerte Mengen um, die jedoch unter 10 000 t Ladung pro Jahr blieben. Diese Entwicklung wird sich

Die Bargener Fähre heute. (Quelle: Fährverein Bargener Fähre)

auch auf den Fährbetrieb ausgewirkt haben. Seit 1823 wurde ein Fährprahm eingesetzt, sodass auch Vieh und Wagen leicht verladen werden konnten. Eine offizielle Frachtlinie existierte über die Bargener Fähre allerdings nicht. Anders war es auf der Strecke von Heide nach Friedrichstadt, wo um 1867 täglich ein Fuhrwerk für Frachten verkehrte, sowie bei Lexfähre einmal wöchentlich. Hier lagen auch die Frachtmengen wesentlich höher.

Mit dem Chausseebau am Ende des 19. Jahrhunderts sowie dem Bau der Kleinbahn wird die Fährstelle noch einmal einen Aufschwung erlebt haben. 1914 ist der Ort Delve dann für den Warenverkehr zu Wasser nahezu bedeutungslos. Die Fährverbindung Schwienhusen–Bargen blieb noch erhalten und war von wirtschaftlicher wie kultureller Bedeutung.

Die Technik veränderte sich, und ein neuer Fährprahm wurde zur Seilfähre umgebaut, die aber noch vom Fährmann gezogen werden musste. Erst der seit 1949 eingesetzte Prahm aus Stahl bekam 1951 einen Dieselmotor. Als 1961 die Straßenbrücke bei Pahlen fertig war, wurde der Fährbetrieb eingestellt.

Wiederbelebt wurde die Fährverbindung auf Initiative der Gemeinde Erfde. Seit 2001 ist die neue Bargener Fähre als touristische Attraktion in Betrieb. Besitzer sind die Gemeinden Erfde und Delve. Die Fährmänner und Fährfrauen des „Fährvereins Bargener Fähre e. V." versehen ihren Dienst ehrenamtlich. Von Mai bis September werden Personen, Fahrräder und Rollstuhlfahrer befördert. Außerhalb der Fährzeiten kann die Bargener Fähre für Sonderfahrten auf der Eider gebucht werden.

Anke Schroeder

DIE ST.-BARTHOLOMÄUS-KIRCHE IN WESSELBUREN
Ein ungewöhnliches Wahrzeichen der Marsch

Seit über 275 Jahren prägt die St.-Bartholomäus-Kirche mit ihrem für die Landschaft so untypischen Zwiebelturm den Ort Wesselburen. Doch sie ist natürlich nicht die erste Kirche, die auf einer der beiden Wurten, auf denen der 1281 erstmals urkundlich erwähnte Ort entstanden ist, gebaut wurde. Ihre Vorgängerin, die ebenfalls dem Heiligen Bartholomäus geweiht war, errichteten die Wesselburener wahrscheinlich um das Jahr 1160, wobei nicht ausgeschlossen ist, das schon zuvor hier eine Kapelle stand. Wann diese Wurten selbst aufgeschichtet wurden, ist nicht genau bekannt, doch haben archäologische Ausgrabungen bewiesen, dass spätestens im 11. Jh. hier gesiedelt wurde. Eine frühere Besiedlung im 9. Jh. ist allerdings sehr wahrscheinlich, da aus einer Baugrube in Wesselburen Scherben geborgen werden konnten, die in diese Zeit datiert wurden.

In den nachfolgenden Jahrhunderten wurde die erste Kirche zu einem dreischiffigen gotischen Bau erweitert, der mit seinem mächtigen Walzenturm und neun Altären recht beeindruckend gewesen sein muss. Neocorus, der frühneuzeitliche Chronist Dithmarschens, bezeichnet sie als „(...) *eine herliche dredubbelde Kerke mit einer finen hogen Spitzen (...)"*.

Beim großen Brand Wesselburens im Jahre 1736 wurde das Gotteshaus dann bis auf die Umfassungsmauern, die Sakristei und den romanischen Rundturm vernichtet.

Herzog Karl Friedrich von Holstein-Gottorf beauftragte zunächst den berühmten Baumeister Rudolf Matthias Dallin mit dem Neubau der Wesselburener Kirche. Dieser zog jedoch einen schon eingereichten Entwurf – wohl wegen Terminschwierigkeiten – wieder zurück. Die Wesselburener suchten daher in der näheren Umgebung nach einem Baumeister, der das Werk vollbringen konnte. Sie fanden ihn schließlich in Johann Georg Schott, der in Heide lebte und ursprünglich aus Vaihingen an der Enz stammte. Schott reichte seinen Entwurf am Gottorfer Hofe ein, und der Herzog fand Gefallen daran, besonders wohl an der eigenwilligen Dachkonstruktion mit dem weithin sichtbaren Zwiebelturm.

Die unversehrten Teile der gotischen Außenmauern nutzte Schott für den Neubau. Es entstand ein nahezu quadratisches Kirchenschiff mit schmalem Chor und Apsis sowie drei Emporen unter einem hölzernen Muldengewölbe. Den noch aus romanischer Zeit stam-

Die St.-Bartholomäus-Kirche in Wesselburen. (Foto: R. Möller)

menden Turmstumpf ließ Schott ein Stück abtragen und brachte ihn mit dem Kirchenschiff unter eine einheitliche Dachkonstruktion. Das Innere der St.-Bartholomäus-Kirche ist im spätbarocken Stil gehalten, der trotz ungewöhnlicher farblicher Gestaltung ausgesprochen harmonisch wirkt. Die Kanzel stammt von dem Wesselburener Tischler und Bildhauer Albert Hinrich Burmeister. Sie wird getragen von den Figuren des Moses und Johannes des Täufers und war eine Spende des damaligen Pastors von Somm.
Der Altar wurde von wohlhabenden Einwohnern der Umgebung gestiftet und in Lübeck angefertigt. Er ist eine Nachbildung des damaligen Altars in der Lübecker Marienkirche.

In Augenhöhe des Betrachters befindet sich ein Relief des Abendmahls, darüber im Mittel-punkt der Gekreuzigte mit Maria und dem Jünger Johannes. Über dem Kreuz erblickt der Betrachter den auferstandenen Christus mit Siegesfahne, gekrönt wird der Altar von dem Engel, der mit der Posaune die Wiederkunft Christi ankündigt, eine typische barocke Zugabe.

Die Orgel wurde von Johann Hinrich Klappmeyer in Glückstadt angefertigt. Der Orgel-prospekt ist noch vorhanden, die Orgel selbst wurde erneuert.

Bemerkenswert sind der blaue und der rote Stuhl. Die Plätze in diesen Emporen wurden an wohlhabende Bürger verkauft, wobei die Einnahmen dazu dienten, den Bau der Kirche mit zu finanzieren. Im blauen Stuhl hatte bei der Einweihung der Kirche am 17. Juni 1738 Herzog Karl Friedrich mit seinem Gefolge gesessen.

Der älteste Teil der Kirche ist die Sakristei, die den großen Brand relativ unbeschadet über-standen hatte. Aber auch durch einen Teil der Innenausstattung blieb die Vorgängerkirche in gewisser Weise präsent. Durch einen Zufall konnten zwei spätgotische Figuren, Maria und Johannes, die einem Brüggemann nahestehenden Meister zugeschrieben werden, gerettet werden, da sie zur Zeit des Brandes ausgelagert waren. Auch ein Taufstein, der wohl die älteste Sandsteintaufe Holsteins darstellt und auf die Zeit um 1200 datiert ist, stammt aus der alten Kirche. Eine lange Zeit diente diese Taufe dem Organisten als Kohle-becken, bis man im Jahre 1927 auf ihren Wert aufmerksam wurde.

Der Altar in der St.-Bartholo-mäus-Kirche. (Bildarchiv Hebbel-Museum)

Im Gewölbe der Kirche ließen die Erbauer einen Spruch anbringen:
Mich hatte Gottes Wuth durch Feuers Brunst verbrandt
Jetzt wird ich wieder aufgebaut, doch wie?
Von Gottes Hand
Du hältest Deine Hand über mir.

Im Jahre 1781 wurde dieser Spruch abgeändert, da die Gemeinde Anstoß an der Formu-
lierung „Gottes Wut" nahm. Der abgeänderte Spruch lautet:
Des Feuers Gluth hat mich und Wesselburen verbrannt
Jetzt wird ich aufgebaut, doch wie?
Von Gottes Hand
Bei einer Renovierung im Jahre 1977 kam der ursprüngliche Spruch zum Vorschein, es
wurden daraufhin beide sichtbar belassen.

Bis zum Jahre 1784 befand sich auf der Kirchwurth auch der Friedhof, jedoch war dieser
im immer schneller wachsenden Kirchspiel bald überfüllt, sodass die Wesselburener sich
schließlich gezwungen sahen, den Friedhof zu verlegen. Um die Kirche herum verteilt finden sich heute noch viele Grabplatten, welche die Erbbegräbnisse der wohlhabenden
Bauernfamilien bedeckten.

Rüdiger Möller

„NIEBUHRSLUST" BEI MELDORF
Kultureller Kristallisationspunkt im 18. Jahrhundert

Der Hof „Niebuhrslust" ist benannt nach dem berühmten Arabienforscher Carsten Niebuhr (1733–1815), der als Mitglied einer sechsköpfigen Expedition von 1761 bis 1767 die
arabische Welt bereiste. Die Reisegruppe, der Niebuhr als Geograf zugeteilt war, hatte einen reinen Forschungsauftrag und sollte die Tier- und Pflanzenwelt sowie die Kultur und
Literatur der Region erkunden und dokumentieren. Als einziger Überlebender gelang es
ihm, die umfangreichen Aufzeichnungen und Sammlungen seiner Mitreisenden nach Ko-
penhagen zu bringen, die er dort bis 1778 in zahlreichen Schriften und Büchern veröffentlichte. Er selbst schrieb eine volkskundlich geprägte Reisebeschreibung, in der seine sehr
exakten Landkarten (teilweise erst im 20. Jh. an Genauigkeit übertroffen) und Kopien von
Inschriften abgebildet sind. Die Erkenntnisse der Reise waren für die damaligen Gelehrten
von großer Bedeutung, z. B. ermöglichten die Kopien der Inschriften eine Übersetzung
der persischen Keilschrift, während die gesammelten Präparate bis heute in der universitä-
ren Ausbildung genutzt werden.

Um sein weiteres Auskommen zu sichern, versetzte der dänische König Niebuhr als Landschreiber nach Meldorf. Dort wurde Ende des 18. Jahrhunderts mit der Kultivierung des
einige Kilometer nordöstlich von Meldorf gelegenen Fieler Moores begonnen. Niebuhr
erwarb dort 1793 einige Hektar Land und kaufte 1799 noch weitere Flächen hinzu. Dieses

*Fotografie des Bauernhauses auf
Niebuhrslust, 1919. (Privatbesitz)*

Karte der Kreise Norder- und Süderdithmarschen, 1833. (Niebuhrslust befindet sich oberhalb des „D" von SÜDER"). (Foto: Archiv des Dithmarscher Landesmuseums)

Land ist auf zeitgenössischen Karten als „Niebuhrslust" oder „Niebuhrs Lust" verzeichnet. Wahrscheinlich hatte es hier schon vor Niebuhr einzelne Siedlungsversuche gegeben (Hofeintragungen auf Karten ab etwa 1790). Niebuhr sah hier eine neue Aufgabe, die ihn geistig und körperlich herausforderte und wohl sehr zuträglich für seine Gesundheit gewesen sein soll. Er ging mit bis dahin nicht angewandter Konsequenz vor, entwarf Urbarmachungspläne, zog Abwässerungsgräben, pflanzte Bäume und legte einen neuen Hof an. Als Hofgebäude kaufte er 1800 in Elpersbüttel ein Haus, das er von dort ins Moor versetzen ließ. Bis zu seinem Tod blieb das Land in Niebuhrs Besitz, wobei man sagen muss, dass das Landgewinnungsprojekt unterm Strich ein finanzieller Misserfolg war. Der Hof wurde aber weiterhin bewirtschaftet. 1835 brannte das Gebäude ab, wurde aber wieder aufgebaut und bis in die 1940er Jahre genutzt. Danach verfiel der Hof, und 1950 erfolgte der Abriss.

Im Rahmen einer Flurbereinigung gab es 2006 im Moor eine archäologische Grabung, die vom Museum für Archäologie und Ökologie Dithmarschen in Zusammenarbeit mit dem Verein für Dithmarscher Landeskunde e. V. durchgeführt wurde. Dabei konnten die Fundamente der ehemaligen Hofstelle freigelegt werden. Der Umriss bzw. die Eckpunkte des Wohnhauses sind heute mit aufgemauerten Granitsteinen markiert. Ein weiterer Fund ist ein Holzfassbrunnen aus Niebuhrs Zeit unter einer Betoneinfassung. Neben dem Gedenken an Niebuhr wird an diesem Ort zudem auf den Landschaftswandel in der Mieleniederung und das Naturschutzgebiet „Ehemaliger Fuhlensee" mit Informationstafeln hingewiesen.

Arne Voß

DER RIESEWOHLD BEI ODDERADE
Europäisches Naturerbe und historischer Bauernwald

Der Riesewohld, mit etwa 700 ha Dithmarschens größter Wald, erstreckt sich von Nord nach Süd inmitten der Geest auf einem Endmoränenzug der Saale-Eiszeit.

Bedingt durch das nacheiszeitliche Relief, sehr unterschiedliche Bodenarten auf engem Raum sowie Steigungsregen mit hohen Niederschlagswerten kam es in der Vergangenheit zur Entstehung von Waldsümpfen, Kleinstmooren, Quellen und Bächen, die dem Laubmischwald bis heute in vielen Bereichen sein feuchtes, urwaldähnliches Gepräge geben.

Insbesondere auf den über 200 ha großen Flächen der Stiftung Naturschutz Schleswig-Holstein hat sich zwischenzeitlich ein beachtlicher Bestand an stehendem und liegendem Totholz als Lebensgrundlage für seltene Pilze, Insekten, Käfer und Höhlenbewohner wie Vögel und Fledermäuse gebildet, was allgemein als wichtiges Kriterium der Naturnähe eines Waldes gilt.

Die Fünffingerlinde im Riesewohld. (Foto: V. Arnold)

Landesweite Bedeutung haben die Winterlinden- und Ulmenbestände mit ihrer Naturverjüngung, die als Relikte der ursprünglichen Eichen-Mischwälder der Nacheiszeit angesehen werden. Ausgedehnte Bestände des Winterschachtelhalms – wohl die größten ihrer Art im Lande –, das gehäufte Vorkommen der auf nationaler Ebene sehr seltenen Stängellosen Primel sowie noch viele Standorte von Waldorchideen unterstreichen die botanische Bedeutung dieses Waldes. Das Pilzvorkommen ist nach Einschätzung von Experten von überragendem nationalen

Eine stengellose Primel blüht vor den Brettwurzeln einer Flatterulme. (Foto: V. Arnold)

und internationalen (EU) Interesse und belegt zusammen mit den nachgewiesenen hochspezialisierten Käferarten die schon lang anhaltende Waldkontinuität des Riesewohldes. Das Vorkommen schützenswerter Waldlebensräume mit ihrem besonderen Arteninventar – wie dem Kammmolch – führte zur Ausweisung des Waldes als Gebiet von gemeinschaftlicher Bedeutung im Rahmen des Netzwerkes Natura 2000 der Europäischen Union (FFH-Gebiet).

Neben der herausragenden ökologischen Bedeutung steht die Jahrtausende alte Nutzungsgeschichte dieses historischen Bauernwaldes, der nie vom Adel oder Klerus großflächig bewirtschaftet wurde, wie es u. a. die Sarzbüttelsche Holzschulordnung von 1619 als eine der ältesten im Lande belegt. Funde belegen die Nutzung des Gebietes – damals nur ein Teil des nahezu das gesamte Land bedeckenden Waldes – durch Jäger der Mittelsteinzeit. Größere Eingriffe lassen sich für die Zeit kurz vor und um Christi Geburt nachweisen, als Teile des heutigen Waldgebietes im Südwesten und zwischen Odderade und Hollenborn beackert wurden und nordwestlich des Gnadenhofs ein Ringwall angelegt wurde, wahrscheinlich um eine Siedlung einzuhegen. Auch im Mittelalter wurden kleinere Parzel-

Die 2010 eröffnete Infostation des Vereins für Dithmarscher Landeskunde e.V. nahe der Fünffinger-linde. (Foto: V. Arnold)

len, überwiegend im Randbereich, gepflügt, aber später wieder aufgegeben. Dagegen scheinen die meisten feuchten Partien des Waldes nie umgebrochen gewesen zu sein. Vielerorts finden sich Spuren älterer Waldnutzung wie Sägegruben oder mehrstämmige Wuchsformen, die auf ehemalige Niederwaldnutzung zurückgehen, bei der die Bäume in regelmäßigen Abständen auf den Stock gesetzt wurden. Der Wechsel von gemeinschaft-lichem Eigentum zu Privateigentum, der sich in den Jahrzehnten um 1800 vollzog, schlug sich in der Anlage zahlreicher Wälle nieder.

Die im Jahre 2010 neu eröffnete Infostation des Vereins für Dithmarscher Landeskunde in der Nähe des Gnadenhofes bietet eine Ausstellung zum Riesewohld und ist während der Sommerzeit jeden Sonntagnachmittag geöffnet.

Volker Arnold und Walter Denker

DIE „ALTE KIRCHSPIELVOGTEI"
IN WESSELBUREN
Das Hebbel-Museum

Das Gebäude, das heute als Hebbel-Museum genutzt wird, war nach seiner Errichtung im Jahre 1737 zunächst Wohnhaus mit angeschlossener Landwirtschaft. Zur Zeit des Kirchspielvogtes Johann Jakob Mohr (1798–1872, Kirchspielvogt von 1826–1862), der als Dienstherr des in Wesselburen geborenen Dramatikers Christian Friedrich Hebbel (1813–1863) unrühmliche Bekanntheit erlangt hat, diente das Gebäude als repräsentativer Amtssitz eben jenes Kirchspielvogtes, der zufolge des Dichters als „(...) *ekelhafte Blattlaus über meine frische Jugend hinkroch (...)*". Ein nicht gerade gerechtes Urteil – darüber ist sich die Hebbel-Forschung heute weit gehend einig.

Auf dem Gelände, auf dem die Kirchspielvogtei steht, befand sich zuvor ein Bauernhof. Hier hatte im heißen August des Jahres 1736 die größte Katastrophe, die Wesselburen in der Neuzeit getroffen hat, ihren Anfang genommen. Denn durch ein Feuer, das durch glühende Asche, die auf einen Misthaufen geschüttet wurde, entstanden ist, in der Trockenheit schnell auf den Holzstapel eines benachbarten Bäckers übergegriffen hatte und

Die „Alte Kirchspielvogtei, die heute das Hebbel-Museum beherbergt. (Foto: R. Möller)

dadurch außer Kontrolle geriet, wurden 127 Gebäude und die Kirche des Ortes vernichtet. Drei Stunden hatten die Flammen in Wesselburen gewütet, und nur durch das Eintreffen von damals neuartigen Feuerspritzen aus Heide konnten einige Gebäude gerettet werden.

Friedrich Hebbel, der wohl bedeutendste deutsche Dramatiker des 19. Jahrhunderts, wurde in Wesselburen als Sohn eines Maurers geboren. Im Jahre 1827 nahm ihn der angesehenste Mann des Kirchspiels, der Vogt Johann Jakob Mohr, in seine Dienste, nachdem sich Hebbels Schullehrer für ihn eingesetzt hatte. Der Vater des 14-jährigen Jungen war kurz zuvor verstorben, die Aufnahme in der Kirchspielvogtei stellte sich also geradezu als Gnadenakt dar. Hebbel lebte und arbeitete in der Kirchspielvogtei bis zum Jahre 1835. Zunächst beschäftigte Johann Jakob Mohr ihn als Botenjungen, dann aber, nachdem er seine außergewöhnlichen Fähigkeiten erkannt hatte, als seinen Schreiber, der auch die Gerichtsprotokolle – der Kirchspielvogt hatte als oberster Verwaltungsbeamter des Kirchspiels die niedere Gerichtsbarkeit inne – schrieb. Hier eignete sich Hebbel, der die für damalige

Die Diele der „Alten Kirchspielvogtei", einer der zehn Ausstellungsräume des Hebbel-Museums.
(Foto: R. Möller)

Verhältnisse sehr umfangreiche Bibliothek des Kirchspielvogtes nutzen durfte, sein Wissen über Literatur, Geschichte und Philosophie an. Auch seine ersten Gedichte entstanden hier. Insgesamt zehn Räume des historischen Gebäudes zeichnen die Lebensstationen des Dichters nach. Die Ausstellung zeigt seine Reisezeit, die ihn nach seinem Fortgang aus Wesselburen durch die Kulturzentren Europas führte. Die Aufenthalte in Hamburg, Paris, Rom oder Neapel sind mit vielen Originaldokumenten, zeitgenössischen Stichen und Gemälden dokumentiert. Mit Einrichtungsgegenständen aus dem Besitz Friedrich Hebbels und seiner Ehefrau, der Schauspielerin Christine Enghaus, ist das ‚Wiener Zimmer' ausgestattet. In der Hauptstadt des Habsburger Reiches fand der Dichter seine letzte Wirkungsstätte, bevor er 1863 dort im Alter von nur 50 Jahren starb. Einen Schwerpunkt der Ausstellung bildet das Leben Hebbels in seiner Geburtsstadt Wesselburen, die zu Beginn des 19. Jahrhunderts noch ein einfacher Marktflecken war. Ein Modell zeigt den Ort um das Jahr 1830. Die Schreiberstube ist mit zahlreichen Gegenständen aus der ehemaligen Kirchspielvogtei ausgestattet.

Nach dem Tod Johann Jakob Mohrs wurde das Gebäude wieder als Wohnhaus genutzt. Im Jahre 1949 schließlich erwarb die Stadt Wesselburen das Haus, das Friedrich Hebbel 1835 verließ, um außerhalb Wesselburens seinen literarischen Weg zu suchen, und eröffnete hier 1952 das Hebbel-Museum. Doch die Kirchspielvogtei ist nicht nur eine Gedenkstätte, sondern auch ein Anlaufpunkt für Forscher aus aller Welt, die hier die umfangreiche Bibliothek nutzen können. Weiterhin ist das Haus Sitz der 1926 gegründeten Hebbel-Gesellschaft.

An einen weiteren berühmten Wesselburener erinnert eine Gedenktafel an der Außenseite des Gebäudes. Christian Otto Mohr, der Sohn des Kirchspielvogtes und spätere Professor für Mechanik, entwickelte die nach ihm benannten „Mohrschen Spannungskreise", die jedem Ingenieur des Brückenbaus vertraut sind. Im Jahre 1835 wurde er hier geboren, im selben Jahr, in dem Hebbel seinen Geburtsort für immer verließ.

Rüdiger Möller

MUSEUMSWEBEREI MELDORF UND TÖPFEREI IN TELLINGSTEDT
Das Weiterleben traditioneller Handwerksformen in Dithmarschen

Um die Mitte des 19. Jahrhunderts verlor das einheimische (Kunst-)Handwerk in Dithmarschen durch die Einfuhr industriell gefertigter, wesentlich kostengünstigerer Waren zunehmend an Bedeutung; der Verlust altüberlieferter Handwerksformen drohte. In Zusammenhang mit der Gründung des Museums in Meldorf 1872 konnte dieser Prozess für die Bereiche Weberei und Töpferei langfristig, wenn auch nicht für immer, aufgehalten werden.

Seit Ende des 17. Jahrhunderts ist die Töpferei in Tellingstedt nachweisbar; den ersten Aufschwung erlebte sie in der Zeit um 1800. Ihre Blütezeit erfuhr die Dithmarscher Töpferei allerdings erst um die Mitte des 19. Jahrhunderts, zu einer Zeit, als in anderen Gegenden ihr Niedergang längst eingesetzt hatte. Zunächst wurde vor allem einfaches, kaum verziertes Gebrauchsgeschirr angefertigt; daneben gab es vereinzelt auch stärker verzierte Gegenstände, die vor allem repräsentativen Zwecken dienten. Die älteste gesicherte Tellingstedter Arbeit ist eine Grützschüssel von 1759, die schon die für das 19. Jh. charakteristische zurückhaltende Bemalung in gedeckten Braun- und wenigen Grüntönen aufweist. Figürliche Arbeiten gab es nicht. Eine größere Anzahl von Betrieben blieb bis um 1900 bestehen. Als letzte Töpferei stieg Heinrich Reimers in Tellingstedt in den 1920er

Typisch verzierte Keramik aus den Tellingstedter Töpfereien aus der Zeit um 1870. (Foto: V. Arnold)

Museumsweberei Meldorf.
Historische Aufnahme vom
Anfang des 20. Jahrhunderts.
(Foto: Archiv Dithmarscher
Landesmuseum)

Jahren, unterstützt vom Meldorfer Museumsvorstand, ganz auf Kunsttöpferei um und versuchte dabei, die überlieferten Muster und Verzierungen neu zu beleben. Unter wechselnder Leitung bestand sie bis Ende 1999 in Tellingstedt; mit ihrer Schließung endete die an traditionellen Formen orientierte Töpferei in Dithmarschen.

Auf ähnliche Wiederbelebungsversuche überlieferter Handwerkskultur ist auch die Gründung der Meldorfer Museumsweberei 1896 zurückzuführen. Wie bei der Handweberei in Scherrebek (heute Skærbæk in Dänemark) ging sie letztlich auf Anregungen von Justus Brinkmann, den damaligen Direktor des Museums für Kunst und Gewerbe in Hamburg, zurück. Als erste Leiterin wurde die gebürtige Dithmarscherin Elisabeth Lindemann gewonnen, die ab 1902 in Zusammenarbeit mit zwei alten Webern, die die traditionellen Techniken noch beherrschten, im Alten Pastorat in Meldorf mit dem Aufbau der Museumsweberei begann. Anders als in Scherrebek konzentrierte man sich zunächst auf Gebrauchsstoffe, die für Bekleidung, Vorhänge, Kissen und anderes mehr verwendet werden konnten. Die alte Technik des Beiderwandwebens mit den charakteristischen Mustern, wie sie vor allem im 18. Jh. gebräuchlich waren, wurde wiederbelebt; aber auch neue Muster für alte Webtechniken wurden entwickelt.

Unter dem Namen „Dithmarscher Museumswerkstätten" existiert die Weberei am Ursprungsort – allerdings losgelöst vom Museum – bis heute fort. Unter dem Dach der Stiftung Mensch finden hier Menschen mit Behinderungen einen Arbeitsplatz, der alte Handwerkstraditionen mit neuem Leben füllt. Es ist ein Erlebnis, die alten Jaquardwebstühle in Betrieb zu sehen und vor allem auch zu hören; interessierte Menschen können an Führungen teilnehmen, die Mitarbeiter der Weberei anbieten. Webereierzeugnisse können im werkstatteigenen Laden erworben werden und vermitteln und erhalten bis heute ein Stück alter Handwerkskultur.

Jutta Müller

DIE KANONE VOR DER KIRCHE IN ST. ANNEN
Vom Kriegsgerät zum Friedenssymbol

Im Herbst 1850 wurde vom Dithmarscher Eiderufer, von Kanonenbooten auf dem Fluss selbst und vom benachbarten Stapelholm aus Friedrichstadt bombardiert. Der Krieg, Schleswig-Holsteinische Erhebung oder Dreijahreskrieg genannt, hatte schon 1848 begonnen und sollte den Schleswig-Holsteinern die Unabhängigkeit vom Königreich Dänemark bringen. Als eine der letzten Kriegshandlungen wollten schleswig-holsteinische Truppen die Stadt erobern, die unter dänischer Besetzung stand.

Es gelang den Schleswig-Holsteinern nicht, die Dänen zu besiegen. Sie zerstörten aber mit dieser Aktion eine Stadt, deren Bevölkerung mehrheitlich der schleswig-holsteinischen Sache zugetan war. Kaum ein Haus blieb unbeschädigt, 137 Gebäude brannten vollständig nieder, 285 Häuser waren stark beschädigt. Die genaue Zahl der zivilen Opfer ist ungewiss, es gab mindestens 31 Tote und Verletzte; viele Soldaten verloren ihr Leben oder wurden verwundet.

Es dauerte Jahre, bis sich Friedrichstadt wirtschaftlich von dieser sinnlosen Beschießung erholte, viele Einwohner verließen auf immer ihre Heimat. Zahlreiche Gebäude aus der

Die Kanone von 1850 steht heute als Denkmal vor der Kirche von St. Annen.
(Foto: Gemeinde St. Annen)

niederländischen Gründungszeit der Stadt im frühen 17. Jh. wurden zerstört, darunter das Rathaus und die Remonstrantenkirche. Auch das städtische Archiv wurde vernichtet. 1972 ließ der Friedrichstädter Heimatforscher und Tischlermeister Hermann Hansen zwei Kanonen vor seinem Haus am Mittelburgwall aufstellen. Er hatte diese, so geht es aus einem Zeitungsbericht der „Stapelhomer Zeitung" vom 30. August diesen Jahres hervor, hinter der Schule in St. Annen gefunden. Die Kanonen hatten die schleswig-holsteinischen Truppen während der Beschießung genutzt, wahrscheinlich als Schiffsböller. Angeblich wurden sie dem Fährpächter der Eiderfähre von Soldaten als Pfand für Proviant und Alkohol gegeben, aber nie wieder ausgelöst. Anschließend standen sie bis zum Bau der Eiderbrücke 1916 am Deichdurchlass der damals noch regelmäßig verkehrenden Fähre – allerdings auf Dithmarscher Seite. Der letzte Fährpächter übergab die Kanonen an die Gemeinde St. Annen. Dort wurden sie am Ehrenmal für die Gefallenen des Ersten Weltkriegs aufgestellt. Im Zuge der Begradigung der B 5 wurde dieses Ehrenmal 1967 an die Kirche verlegt und die Kanonen auf Wunsch des Kirchenamtes entfernt. Hermann Hansen ließ die Kanonenrohre nach Friedrichstadt bringen, mit neuen Lafetten versehen, und fortan dienten sie unzähligen Touristen als Fotomotiv und ihren Kindern als Klettergerüst.

Zwanzig Jahre später entbrannte um diese Kanonen ein Streit zwischen Hermann Hansen und der Gemeinde St. Annen. Da die Lafetten morsch geworden waren und es gefährlich wurde, auf den Kanonen herumzuklettern, ließ die Stadt Friedrichstadt sie 1993 von ihrem Standort am Mittelburgwall entfernen und auf den Bauhof bringen. Niemand in Friedrichstadt wusste so recht, was nun mit ihnen geschehen sollte. Die Stadt selbst wollte sie nicht restaurieren lassen. Die Gemeinde St. Annen meldete ihre Besitzansprüche an, Hermann Hansen wollte sie aber nicht an die Dithmarscher abgeben. Berichte in Presse und Fernsehen führten dazu, dass der Streit immer mehr eskalierte. Erst 1997 konnte durch die Vermittlung des Friedrichstädter Amtsvorstehers eine Einigung erzielt werden. Die Kanonen wurden nach Dithmarschen zurückgegeben. Eine erhielt einen Platz beim

Tischlermeister Hermann Hansen (links) und Schmied Hans Peters mit einer restaurierten Kanone, 1972. (Foto: Stadtarchiv Friedrichstadt)

Der Friedrichstädter Künstler P. J. du Ferrang fertigte diese Lithographie der vor dem Bombardement der Schleswig-Holsteiner flüchtenden Einwohner seiner Heimatstadt.
(Foto: Stadtarchiv Friedrichstadt)

Lundener Heimatmuseum, die andere wurde 2003 vor der Kirche in St. Annen aufgestellt.

Um das einstige Kriegsgerät in ein Symbol des Friedens umzuwandeln, beauftragte die Kirchengemeinde den Eiderstedter Künstler Lothar Frieling damit, eine Friedenstaube zu gestalten, die auf der Kanone platziert wurde. Jetzt wird regelmäßig um die Kanone herum das „Kanonenfest" gefeiert, an dem Gäste von diesseits und jenseits der Eider teilnehmen.

Christiane Thomsen

DER BÜSUMER HAFEN
Geschichte eines Fischereihafens

Einer der ältesten Hafenplätze im Bereich der Gemeinde Büsum hat sich wahrscheinlich in der heutigen Alleestraße befunden, denn zwischen der Osterwarft (die heutige Kirchenstraße) und der Westerwarft verlief ein großer Priel. Man kann davon ausgehen, dass es im hohen Mittelalter noch andere Anlandeplätze gegeben hat, wie zum Beispiel beim Flaxwehl an der Nordostecke der damaligen Insel. Durch die Eindeichung des Nienkooges (das heutige Oesterdeichstrich) musste ein neuer Schiffsanlegeplatz gefunden werden. 1452 verlegte man den Landeplatz zur Groventiefe. Nach der Eindeichung des Grovenkooges 1575–77 (heute Westerdeichstrich) kam es im 16. Jh. zur Anlage eines ersten richtigen Hafens in Büsum, der allerdings immer wieder zuschlickte. Zur Verbesserung dieser Situation wurde die „Horst" genannte Sandbank vor Büsum durchgraben. Es stellte sich aber heraus, dass bei einer schweren Sturmflut durch die Öffnung des Hafens auf der Westseite Schiffe losgerissen und ins Meer gedrückt werden konnten. Unter dem Deichinspektor Christensen wurde die „Horst" wieder landfest gemacht, indem man den Seedeich vor der heutigen Friedrichstraße mit der Sandbank verband. Gleichzeitig wurde die Wasserableitung von der Perlebucht bis zum „Alten Hafen" (heute Museumshafen) weitergeführt, was mit einer Schleuse geregelt wurde, damit bei Ebbe die Ausspülung des Hafens möglich wurde. Diese Arbeiten dauerten von 1850 bis 1852, dann war der Hafenausbau geschafft.

Da Büsum die Unterhaltung des Hafens nicht mehr finanzieren konnte – die Betriebsausgaben überstiegen die Einnahmen um ein Vielfaches –, wurde der Hafen im Jahr 1903 von der Preußischen Staatsbauverwaltung übernommen, und zwar mit der Verpflichtung, ihn auszubauen. Die Büsumer Nachrichten berichteten über die Kostenübernahme der Regierung für den Hafenausbau: Der Außenkanal des Entwässerungssiels wurde von der Gemeinde in der Vergangenheit auf einfache Weise zu einer kleinen Hafenanlage hergerichtet, die nur einer begrenzten Anzahl von Wasserfahrzeugen die Möglichkeit zum Löschen und Laden sowie Schutz vor Unwettern bot. Durch das Aufkommen der Berufsfischerei und den Bau einer kleinen Reparaturwerft wurde eine Verlängerung des Alten Hafens notwendig, der aus einem hölzernen Bohlenwerk bestand. Nach Osten wurde 1905 mit dem Bau eines zweiten Hafenbeckens begonnen (heute Hafenbecken 2). Für den besseren Schutz des Hafens wurde eine West-Schutzmole an die „Horst" und an die

Der Büsumer Hafen um 1900. (Historische Postkarte, Amtsarchiv Büsum-Wesselburen)

Ost-Schutzmole gebaut. Diese Arbeiten zogen sich bis in die Wintermonate hinein. Im Jahr 1906 gab es zu berichten, dass der Hafenausbau große Fortschritte machte, der Dreiecksplatz war aufgeschüttet, und die Dalbenreihe des neuen Hafenbeckens gewährleistete nun den notwendigen Schutz. Die nächste Erweiterungsbauphase waren die Jahre 1914 bis 1916, dazu wurde die West-Schutzmole um 100 Meter verlängert. Durch den Beginn des Ersten Weltkrieges wurde die Materialbeschaffung immer schwieriger, bis 1916 schließlich dann der Weiterbau eingestellt wurde. Die neue Westschutzmole hatte sich im Laufe der Jahre bestens bewährt, weil aber die alte Mole und die Ostmole nur unzureichend verstärkt waren, war der Hafen nicht ausreichend geschützt. Während der Januarsturmflut des Jahres 1916 wurden mehrere Kutter losgerissen, trieben mit dem Nordweststurm ab und wurden auf die Deiche geschoben. Mit einer dringenden Petition wandten sich die Büsumer Fischer an die Reichstagsabgeordneten in Berlin und forderten, den projektierten Hafenausbau sofort und beschleunigt in Angriff zu nehmen – dies vor allem mit der Begründung, den zahlreichen Fischereifahrzeugen jederzeit die Einfahrt in den sicheren Hafen zu ermöglichen und neue Liegeplätze zu schaffen. Die preußische Staatsbauverwaltung beobachtete die Entwicklung in der Fischerei sehr sorgsam und beschloss 1919 dem Anliegen der Kommission zur Förderung des Büsumer Hafenbaus und der Forderung der Hochseekutter-Fischerei Rechnung zu tragen. Der Osthafen (heute Hafenbecken 2) war nur am Deich entlang gebaut und bot keinen Platz für Gebäude des Fischumschlags und der verarbeitenden Industrie. Der im Jahr 1922 begonnene Ausbau wurde im Frühjahr des Jahres 1926 beendet. Mit diesem Ausbau entstand auch die sogenannte Insel, die mit dem „Festland" durch eine Holzbrücke verbunden wurde. In dieser Zeit ist die Büsumer Kutterflotte auf 76 Wasserfahrzeuge angewachsen, die nun endlich genug Platz im Hafen hatten. In der dritten Ausbauphase von 1937–1941 wurde der Ostdeich geschaffen und auch die Sturmflutschleuse gebaut.

All diese Hafenerweiterungsmaßnahmen brachten auch die Werftindustrie zu einer gewissen Blüte. Mit einer kleinen Reparaturwerft im Jahr 1902 fing alles an; im Jahr 1936 wurde die „Büsumer Schiffswerft W. & E. Sielaff" gegründet, die mit dem Ausbruch des Zweiten Weltkrieges von der NS-Regierung diverse Rüstungsaufträge erhielt. Die Verlegung der Werft an das Ende des Hafenbeckens III, die schon vor dem Krieg vorgesehen war, konnte erst 1957 realisiert werden. Nach 27 Jahren wurde diese Werft an die damalige Harmsdorf-Gruppe verkauft. Ein bedeutender Schnitt beim Büsumer Hafenausbau war der Bau der neuen Sturmflutschleuse, die auch dafür gedacht war, dass auf der Werft größere Schiffe gebaut werden konnten. Mit dem „Werftensterben" in der Bundesrepublik kam jedoch das Aus für diese Werft im Jahre 1982. Heute existieren noch zwei Reparaturwerften in Büsum.

Auch heute ist die Krabbenfischerei mit einigen Verarbeitungsbetrieben ein wichtiger Wirtschaftszweig in Büsum, wobei die Bedeutung des Bäder- und Schiffsausflugsverkehrs z. B. nach Helgoland in den letzten Jahrzehnten wesentlich angestiegen ist.

Dieter Braune

Museumshafen Büsum heute.
(Foto: W. Siems)

VON „AEOLUS" ZU „URSULA" IN BARLT
Windmühlen in Dithmarschen

Heute ist es ein eher seltener Anblick: ein schon von Weitem sichtbares Flügelkreuz. Bis Anfang des 20. Jahrhunderts im durch die „Mühlenfreiheit" privilegierten Dithmarschen bei noch etwa 200 Mühlen war es ein die Landschaft prägendes Bild. Doch bereits Zeitgenossen sahen darin mehr als einen alltäglichen Anblick. So schreibt Claus Harms in seinen Lebenserinnerungen: *„[Was] mir aber geblieben ist durch alle meine Jahre, das ist, daß […] mir jederzeit das Herz im Leibe sich froh bewegte, wenn ich eine Mühle in schnellem, freudigen Gang sah – so lang ich habe sehen können."*

Die in Handarbeit von Karl Lindemann gefertigte Miniaturausgabe von „Ursula" markiert den ungefähren Standort der ehemaligen Bockmühle. (Foto: N. Hansen)

Die bei windgängigen Mühlen für einen reibungslosen Betrieb nötige erhöhte Lage – zunächst vor allem durch Wurten, später durch aufgemauerte Geschosse – ließ Mühlen auch die Dorfansichten bestimmen. Zentral war ihre Stellung als vorindustrieller Betrieb, in dem die landwirtschaftlichen Rohstoffe zu grundlegenden Zutaten der täglichen Nahrungsversorgung für Mensch und Tier verarbeitet wurden. Eine Folge der zur Erntezeit einsetzenden Lieferungen war auch, dass Mühlen zu sozialen Anlaufstellen wurden.

Für die nördliche Bauerschaft Barlts mahlte um 1669 der Pächter Johann Möller in einer Bockmühle. Damaliger und erster überhaupt nachzuweisender Besitzer war der Kirchspielschreiber Detlef von Buchwald. Kurz danach gab es, offenbar bedingt durch Baufälligkeit, eine zweijährige Be-

„Aeolus" um 1900. Zu der Zeit noch in Besitz der Müllerfamilie Wrede, die sich für den Fotografen vor der Mühle postierte. (Foto: Archiv H.-P. Petersen)

triebspause. 1676 war sie aber „nun wieder zugange". Lücken gibt es auch beim Nachweis der Besitzer, die sich erst ab den 1690er Jahren durchgängig nennen lassen. Generell ist die Zeit bis weit in das 19. Jahrhundert hinein von häufigen Besitzerwechseln geprägt. Vor allem deshalb, weil die Müllerwitwen entweder ihren nächsten Ehemännern oder den Söhnen aus vorherigen Ehen den Besitz überschrieben. Entscheidend war der Bau eines Kellerholländers in Barlt 1875 durch Claus Jacob Wrede. Der Holländer erhielt den Namen „Aeolus" – eine Reminiszenz an den griechischen Gott der Winde. Allerdings gab es auch in der Familie Wrede keinen Nachfolger, der die Mühle betrieb, da die Kinder andere Berufe ausübten. Mit Arnold Matthias Lindemann, der die Mühle am 5. März 1908 übernahm, kehrte Stetigkeit ein. Unter ihm und seinen Nachkommen fanden weitere Modernisierungen statt, wie die Umrüstung auf Motorbetrieb, aber vor allem der Umbau zum Galerieholländer im Jahr 1923, der nach Rudolf Lindemanns zweitältester Tochter „Ursula" benannt wurde.

Sandra Scherreiks

DIE ZUCKERFABRIK IN WESSELBUREN
Industrialisierung in Dithmarschen

Charles de Vos, der Eigentümer der Zuckerfabrik in Itzehoe, hatte in den 1860er Jahren überall in Schleswig-Holstein Versuchsfelder mit Zuckerrüben anlegen lassen. Dabei stellte sich heraus, dass in der Nordermarsch zwischen Heide und Büsum Rüben gediehen, die einen besonders hohen Zuckergehalt aufwiesen. Hierauf fasste er den Entschluss, in der zentral gelegenen Ortschaft Wesselburen eine weitere Zuckerfabrik zu errichten.

Als der Betrieb 1869 eröffnet werden konnte, stellte er das modernste Werk dieser Art in Schleswig-Holstein dar und bewirtschaftete 640 ha Anbaufläche, die de Vos von den Bauern der Umgebung angekauft hatte. Hinzu kamen etwa 500 ha gepachteten Landes. Verschiedene Landwirte aus der Nordermarsch lieferten außerdem vertraglich festgelegte Mengen von „Kontrakrüben".

Die Zuckerfabrik verarbeitete durchschnittlich 300 000 bis 400 000 Zentner Rüben zu 40 000 bis 50 000 Zentner Rohzucker pro Jahr. Der Rohzucker, das sogenannte „erste Produkt", wurde zur Weiterverarbeitung an die Zuckerraffinerie Charles de Vos & Co. in Itzehoe geliefert. Weitere Produkte, die durch abermaliges Einkochen, Kristallisieren und Schleudern der Rückstände gewonnen wurden, exportierte die Fabrik nach England und Amerika; der letzte Rückstand, die Melasse, ging nach Frankreich.

Zur Zuckerfabrik gehörten neben den benötigten Fabrikations- und Lagerhallen, einem Schwemmkanal zur groben Säuberung der Zuckerrüben, einer Kalkbrennerei, mehreren Brennöfen und einem großen Maschinenpark auch ausgedehnte Stallungen für 300 bis

Die Zuckerfabrik Charles de Vos in Wesselburen, im Vordergrund sieht man die Loren der Spurbahn (Bildarchiv Hebbel-Museum).

Ein Fabrikarbeiter mit einem Ochsengespann. Auf derartigen Gespannen wurden die Zuckerrüben vor der Errichtung der Spurbahn von den Äckern zur Fabrik transportiert (Bildarchiv Hebbel-Museum).

400 Stück Mastvieh, 60 bis 80 Zugochsen und etwa 40 Arbeitspferde. Weiterhin gehörte der Firma eine insgesamt etwa 30 km umfassende Spurbahn, die aus einer Lokomotive und etwa 100 Transportloren bestand. Diese wurde zum Transport der Zuckerrüben von den oft weit entfernt liegenden Anbauflächen zur Fabrik genutzt. Die Spurbahn hatte 1884/85 die vorher hierfür eingesetzten Ochsengespanne weitgehend verdrängt, die dafür verantwortlich gewesen waren, dass in regenreichen Jahren die Wege Wesselburens aufgeweicht und nahezu unpassierbar waren. Wasser erhielt die Fabrik durch den sogenannten Zuckerkanal, der Quellwasser aus der kleinen Ortschaft Dellweg im Kirchspiel Weddingstedt heranführte. Eine „Kaserne" für 200 Personen befand sich auf dem Fabrikgelände; ein Gebäude, in dem verheiratete Arbeiter mit ihren Familien wohnten, stand an der Heider Chaussee. Am 1. Januar 1886 machte Charles de Vos seine Stiefsöhne Bernhard und Robert Schroeder zu Teilhabern der Firma. Beide hatten den Betrieb bereits vorher geleitet, Bernhard Schroeder führte die eigentliche Fabrik, während Robert für das Vorwerk Osterhof verantwortlich war.

Der hohe Bedarf an Arbeitskräften (in der Saison wurden zur Führung des Betriebes ca. 300 Personen benötigt) konnte nicht von der einheimischen Landarbeiterschaft gedeckt werden, zumal Auswanderung nach Amerika und Australien sowie Abwanderung in die Städte die Anzahl der Landarbeiter auch in Norderdithmarschen verringert hatten. Während im Kirchspiel Wesselburen ansässige Arbeiter die Stammbelegschaft der Zuckerfabrik bildeten und auch im Winter dort Beschäftigung fanden, wurden die Feldarbeiten in den Sommer- und Herbstmonaten von „importierten" Arbeitskräften aus Ostpreußen und Posen bewerkstelligt. Zahlreiche Arbeitsmigranten aus diesen preußischen Ostprovinzen ließen sich in der Folgezeit in der Umgebung von Wesselburen dauerhaft nieder. Einige blieben in den Diensten der Fabrik, andere suchten landwirtschaftliche Arbeit bei den Bauern der Umgebung.

Vielfältig waren die Auswirkungen der Zuckerfabrik auch auf die anderen Gewerbe in Wesselburen, die vom Anstieg der Einwohnerzahl und vom durch die Existenz der Fabrik

Die Zuckerfabrik Wesselburen um 1885 (Bildarchiv Hebbel-Museum).

beschleunigten Anschluss an das Eisenbahnnetz profitierten. Die Verleihung der Stadtrechte an den kleinen Ort im Jahre 1899 wäre wohl ohne die vorangegangene Ansiedlung der Zuckerfabrik kaum vorstellbar gewesen.

Nach einer Blütezeit in den 1870er und 1880er Jahren zeichneten sich erste Schwierigkeiten bei der Vermarktung des Rübenzuckers ab. Bereits gegen Ende der 1890er Jahre hatten viele Landwirte aus der Umgebung Wesselburens ihre Betriebe auf den Anbau von Kohl umgestellt, da Zuckerrüben unrentabel zu werden begonnen hatten. Vor dieser Entwicklung musste im Jahre 1908 auch die Zuckerfabrik kapitulieren. Am 4. Januar 1908 erschien im Dithmarscher Boten die profane Meldung:

„Die hiesige Zuckerfabrik wird den Rübenanbau infolge der niedrigen Zuckerpreise und der schwierigen Arbeiterverhältnisse aufgeben. Dadurch werden viele Beamte und Arbeiter in Mitleidenschaft gezogen. Es verlautet, daß Herr Oekonomierat B. H. Schroeder von hier verzieht."

Während die Fabrikationshallen in der Folgezeit einer neu gegründeten Sauerkrautfabrik dienten (bis 1995), wurde auf dem Gelände ein Landschulheim eingerichtet. Die weiteren Bauten wurden größtenteils von Privatpersonen (unter diesen auch ehemalige Fabrikarbeiter) gekauft und fortan als Wohn- und Wirtschaftsgebäude genutzt. Heute befindet sich in den ehemaligen Fabrikhallen, die zum Teil abgerissen wurden, das „Kohlosseum", das mit Veranstaltungen und einem Museum die Gegenwart und die Vergangenheit des Kohlanbaus in Dithmarschen dokumentiert.

Rüdiger Möller

DAS KLAUS-GROTH-MUSEUM UND DAS BRAHMS-HAUS IN HEIDE
Zeugen deutscher Kulturgeschichte des 19. Jahrhunderts

Die „Museumsinsel" der Stadt Heide mit der Straßenlage Lüttenheid 40 hat zwei Eckpfeiler: das Klaus-Groth-Museum (Nr. 48) und das Brahms-Haus (Nr. 34). Diese beiden Gebäude markieren in herausragender Weise ein Stück Kulturgeschichte.

Während der Heider Markt im Laufe der Zeit die Verwaltung und den Handel auf sich konzentrierte, siedelten am Rande „auf der Lüttenheid" Ackerbürger, Handwerker und kleine Handelsleute. Aus diesem bescheidenen sozialen Umfeld sollten aber gerade die beiden Persönlichkeiten hervorgehen, die Heide mit der deutschen Kulturgeschichte des 19. und 20. Jahrhunderts verbinden.

Haus Nr. 48 ist das Geburtshaus des Dichters Klaus Groth, dessen Großvater das langgestreckte, eingeschossige Giebelhaus (mit Korn- und Vorratsboden) 1796 hier erbaut hatte und dessen Vater darin neben ackerbürgerlicher Tierhaltung eine Grützmühle betrieb. Hier wuchs der am 24. April 1819 geborene Klaus Groth als hochbegabtes und sehr bildsames Kind auf, das vom „Obbe", dem Großvater, all jene Geschichte und Geschichten aus Dithmarschen in niederdeutscher Sprache vernahm, die der Dichter dann 1848–51 zu dem Gedichtband „Quickborn" verarbeitete.

Mit diesem Buch gelang Klaus Groth sogleich der literarische Durchbruch, weil er die alte niederdeutsche, seit der Hansezeit im Rückgang begriffene Sprache als literarisch und literaturfähig unter Beweis stellte und so (neben Fritz Reuter in Mecklenburg) die neuniederdeutsche Literatur begründete.

Die Aufmerksamkeit im deutschen Sprachraum, insbesondere bei der bürgerlichen Paulskirchenbewegung von 1848/49 und ihren Anhängern, richtete sich nach Erscheinen 1852 nicht nur auf die Sprachkunst, sondern fast mehr noch auf ihre politische Dimension: Dieser Dichter zeigte, das Holstein nachweislich zum deutschen Sprachgebiet gehörte, entscheidendes Argument gegen den dänischen König, der nach dem Scheitern der Schleswig-Holsteinischen Erhebung 1851 die Herzogtümer weit über die frühere gesamtstaatliche Organisation hinaus an die dänische Krone und Sprache zu binden sich anschickte.

Klaus Groth war durch eine Ausbildung am Lehrerseminar in Tondern und dann durch ein breites autodidaktisches Studium mit seinem literarischen Debüt im aufstrebenden Bür-

Das Geburtshaus von Klaus Groth. (Foto: W. Siems)

gertum angekommen, wo er als Dichter mit politischer Stimme, Hochschullehrer in Kiel und unermüdlicher Vermittler der Musikkultur es zu Ansehen und Ruhm brachte. Ihm zu Ehren wurde sein Geburtshaus unter der Federführung der Stadt Heide 1914 als Dichtermuseum eingerichtet.

Das Brahms-Haus, 1987 von der damals neu gegründeten Brahms-Gesellschaft auf Initiative von Justus Frantz aus Privatbesitz erworben und in einen historisch nachempfundenen Zustand zurückversetzt, war nach dem großen Brand von 1796 erbaut und 1819 von der Familie Brahms erworben worden. Während der Vater des Komponisten, Johann Jakob Brahms (1806–1872), sich in Wesselburen zum Musiker ausbilden ließ und dann in Hamburg sein Glück machte – zuletzt am Kontrabass im „Staatsopernorchester" –, betrieb dessen Bruder Peter Brahms in dem Haus kleine Geschäfte mit unterschiedlichen Erfolgen.

Für den 1833 in Hamburg geborenen Johannes Brahms, der dort im ärmlich-beengten Gängeviertel aufwuchs, war und blieb Lüttenheid, die Heimat seines Vaters, die er mit diesem als Kind besuchte, der Inbegriff von paradiesischer Geborgenheit und Verwurzelung, die er in Klaus Groths „Quickborn" bis in seelische Tiefen hinein ausformuliert fand und die ihn später während seiner langen Freundschaft mit dem Dichter (ab 1856 bis zu seinem Tode 1897) dazu veranlassten, 13 thematisch ähnlich gelagerte hochdeutsche Gedichte Groths („Hundert Blätter", 1854) zu vertonen und durch seine Musik in den Olymp der deutschen Kultur zu heben. In den Erinnerungen an Johannes Brahms ist das Geständnis des Komponisten gegenüber seinem Freund nachzulesen, dass dessen Gedichte in niederdeutsch-väterlicher Sprache eine Vertonung durch ihn nicht erlaubt hätten, weil sie ihm zu nahe gegangen wären.

Das Wohnhaus des Vaters von Johannes Brahms. (Foto: Werner Siems)

In seinen „Erinnerungen an Johannes Brahms" schildert der Dichter noch einmal ganz plastisch den gemeinsamen Kindheits-Seelengrund auf Lüttenheid: *„Noch erinnere ich mich eines Morgens am Kaffeetisch – Großvater nicht mehr dabei, als der Vater aus der Zeitung uns von dem plötzlich aufgetauchten jungen Musiker Johannes Brahms in Hamburg vorlas. Mein Vater ahnte nicht, welche Gedanken und Empfindungen diese kurze Nachricht in mir aufregte. Er wusste nicht, wie es in mir gärte, wusste nicht, was ich heimlich erstrebte – in einer anderen Kunst (…). Da sagte also mein Vater (…) über die Nachricht von dem plötzlich aufgetauchten Genie: Das muss der Sohn sein von meinem Schulkameraden Johann Brahms, gewiss, das ist er (…)."*

So umfassen das Brahms-Haus in der Trägerschaft der Brahms-Gesellschaft Schleswig-Holstein mit einer musealen Dokumentation zu Johannes Brahms und seinem väterlichen Herkunftsort einerseits und andererseits das Groth-Haus, das nach einer grundlegenden Sanierung durch die Stadt Heide zum 100-jährigen Museums-Jubiläum 2014 wiedereröffnet werden soll, die sogenannte Museumsinsel mit dem Heider Heimatmuseum und stellen die lokalen Gegebenheiten in den Zusammenhang der deutschen Kulturgeschichte.

Bernd Rachuth

DAS DITHMARSCHER LANDESMUSEUM IN MELDORF
Kulturelles Gedächtnis der Geschichte Dithmarschens

Die bedeutendste Einrichtung zur Landeskunde, Geschichte und Kulturgeschichte der Region wurde bereits 1872 durch eine Initiative einzelner Mitglieder des Meldorfer Bürgervereins gegründet. Bereits ein Jahr später wurde die Sammlung im Aufbau in die öffentliche Trägerschaft der beiden Kreise Norder- und Süderdithmarschen übernommen. Erst zwanzig Jahre später erhielt die bereits beträchtlich angewachsene Sammlung, die zu damaliger Zeit überwiegend aus den dinglichen Hinterlassenschaften der großbäuerlichen Oberschicht Dithmarschens wie Möbeln, kostbarem Hausrat und Textilien sowie kirchlichen Objekten bestand, ein eigenes Gebäude. Es wurde 1896 als „Museum Dithmarsischer Alterthümer" eröffnet und ist mittlerweile das älteste erhaltene Museumszweckgebäude in Schleswig-Holstein. Herzstück des Hauses ist bis heute der sog. Swinsche Pesel (eigentlich eine Gerichtsstube) von 1568, eines der bedeutendsten Zeugnisse der legendären mittelalterlichen „Bauernrepublik" mit ihrem sprichwörtlichen Reichtum. Auch das bis heute bekannteste Ereignis der Regionalgeschichte, die Schlacht bei Hemmingstedt im Jahr 1500, wird thematisiert. Mehrere Erweiterungen, zuletzt die Übernahme der benach-

Der „Swinsche Pesel", eine Gerichtsstube von 1568. (Foto: Dithmarscher Landesmuseum)

Der Gebäudekomplex des Dithmarscher Landesmuseums ist heute selbst ein Denkmal.
(Foto: Dithmarscher Landesmuseum)

barten ehemaligen Meldorfer Gelehrtenschule, schufen einen großzügigen Gebäudekomplex, der seine Besucher mitnimmt auf eine spannende Zeitreise durch 1200 Jahre Dithmarscher Geschichte und Lebensweise. Neben der Präsentation der kostbaren und zum Teil einmaligen Zeugnisse der wechselvollen Geschichte Dithmarschens von der schriftlichen Erwähnung der ersten christlichen Kirche in Meldorf 802 bis zum Anschluss an den preußischen Staatsverband 1867 bildet heute eine zweite, ganz besondere Ausstellung einen Hauptanziehungspunkt für die Besucher: Vor dem Hintergrund der Zeitgeschichte in Dithmarschen von der Kaiserzeit bis in die 1950er Jahre hinein wird auf zwei Etagen gezeigt, was Leben, Arbeiten, Wohnen und Freizeit der Menschen in diesen Jahrzehnten prägte; neben der Schulklasse aus den 1920er Jahren findet man einen vollständig eingerichteten Operationssaal, der Friseursalon für Damen und Herren ist ebenso vorhanden wie z. B. Kino und Kneipe. Hier steht der Alltag ganz durchschnittlicher Menschen, der durch den Einzug der Industrialisierung in vielen Bereichen entscheidend verändert wurde, im Mittelpunkt. Präsentiert werden nicht mehr kostbare Einzelobjekte, sondern komplett eingerichtete Ensembles, die z. T. sogar begehbar sind. 140 Jahre nach seiner Gründung bietet das Museum somit einen faszinierenden und abwechslungsreichen Überblick über Geschichte und Kulturgeschichte einer Region, deren Grenzen sich seit Jahrhunderten nicht verändert haben.

Jutta Müller

DAS SKATCLUBMUSEUM IN MARNE
Ein kulturgeschichtliches Panoptikum

Das Gebäude des „Heimatmuseums Marner Skatclub von 1873" entstand nach den Plänen des Kieler Architekten und Kirchenbaumeisters Wilhelm Voigt (1857–1916). Voigt hat sich mit exponierten Gebäuden wie dem Dithmarscher Landesmuseum in Meldorf, dem Wasserturm in Heide, dem Landesdenkmal zur Schlacht bei Hemmingstedt auf der Dusenddüwelswarf und mit der Marner Maria-Magdalenen-Kirche in das Erscheinungsbild Dithmarschens eingeschrieben. In den Jahren 1904–1906 entstand in Marne die neue Kirche nach seinen Plänen, und just zu der Zeit, 1905, wurde auch das Haus des Skatclubs – in Grußbeziehung zur Kirche gelegen – errichtet.

Heute ist das Skatclubmuseum in Marne das kulturgeschichtliche Schaufenster der Südermarsch. Es erinnert an die Entwicklung der Küstenlinie in Süderdithmarschen, wirft Schlaglichter auf das Leben der Bauern und Handwerker und erinnert an den Skatclub selbst.

Gebaut wurde es, weil der Skatclub für seine wöchentlichen Zusammenkünfte ein eigenes Heim suchte und Platz für die zusammengetragenen Sammlungen benötigte. So ist das Skatclubhaus von Wilhelm Voigt nicht nur das Gehäuse für eine originelle Sammlung, sondern selbst ein Zeugnis studentisch-burschenschaftlicher Kultur, die mit den studierten Honoratioren nach Dithmarschen eingezogen war und von ihnen weitergepflegt wurde.

Im Jahre 1873 – die Reichsgründung von Versailles war gerade zwei Jahre her – gründeten der Kaufmann Heinrich Claußen, der Brauereibesitzer Jacob Dibbern, der Apotheker Carl Schütte und der Kaufmann Hermann Sievers den „Marner Scat-Club". Die Mitglieder dieses Männervereins trafen sich zunächst an Stammtischen und dann im Hinterzimmer einer Marner Gaststätte zum abendlichen Spiel. Dieses Hinterzimmer wurde mit Antiquitäten, Reisesouvenirs und Trophäen aus den Kolonien und Kuriositäten dekoriert, bis es aus allen Nähten platzte. Da die Mitglieder des Skatclubs sich aus den gutsituierten Honoratioren der Stadt zusammensetzten, Ärzte, Kaufleute, Beamte, konnte sich der Verein ein eigenes Clubhaus leisten. Neben dem eigentlichen Spielzimmer besaß es einen Ausstellungsraum, in dem die vaterländisch gesinnten Skatbrüder ihre Sammlungen aufbauten. Die Mitglieder des Skatclubs hatten ihre Ausbildung im Wesentlichen außerhalb Dithmarschens genossen, hatten studiert und das studentische Verbindungsleben kennengelernt und waren nun in ihre Heimat zurückgekehrt. Sie brachten eine Gemütlichkeit in die Kleinstadt, die sich am Vorbild der Corpsstudenten orientierte: Sie rauchten und gaben sich Scherzna-

Blick in die Ausstellungsräume.
(Foto: W. Siems)

men und tranken Bier aus eindrucksvollen Seideln. Beim Tod eines Mitglieds zerschlugen sie dessen Bierseidel und rieben ihm zu Ehren einen „Totensalamander" und kopierten damit ein burschenschaftliches Trinkritual. Der Club stellte seinen Mitgliedern auch dekorative Tabakspfeifen zur Verfügung. Clubmitglieder durften Gäste mitbringen, mit denen die Skatbrüder ihre Scherze trieben: Sie bekamen wohl den Pfeifenkopf angeboten, der so groß ist wie ein Bierseidel. Und Trinken konnten sie aus einem keramischen Totenkopfseidel mit dem Titel eines Studentenliedes als Inschrift: „Gaudeamus igitur" – „Lasst uns also fröhlich sein!" Ein Glaskrug, in dem ein Hahn eine Henne bespringt, wurde ebenso mit dunklem Bier aus der nahen Brauerei gefüllt wie der Becher, in dem eine Kröte sitzt: Die Gesellschaft hatte ihren Spaß, wenn der Gast große Augen machte, weil beim Trinken die Überraschung zutage kam …

Und selbstverständlich wurde viel Skat gespielt, seit 1876 offiziell nur noch mit deutschen Karten „zwecks Austreibung jeglichen französischen Wesens und Ausdrucks aus dem Club", wie es hieß. Als Kompromiss und zum Umgewöhnen hielt der Club auch ein amphibisches Blatt bereit: halb deutsch, halb französisch.

Die Skatbrüder waren national gesinnte Herren, die sammelten, was ihnen „vaterländisch" erschien: Zinngeschirr, Zeugnisse der Vor- und Frühgeschichte, bäuerliche Möbel aus Eichenholz, Erinnerungsstücke an die Erhebungszeit 1848–1850, eine Waffensammlung mit Gewehren aus Dänemark, Österreich, Frankreich und Belgien. Ihr Ziel war es nicht, ein Museum zu gründen. Ziel war es, mit den Objekten eine stimmungsvolle Atmosphäre zu schaffen. Die Sammlungen waren einst ein sichtbares patriotisches Bekenntnis, ein regionales wilhelminisches Panoptikum.

Heute geben sie einen Einblick in die Kulturgeschichte Marnes und der umliegenden Köge. Und die sammelnden Skatbrüder sind selbst Thema in dem Museum geworden, das auf ihre Sammeltätigkeit zurückgeht.

Frank Trende

DIE EIDERBRÜCKEN
BEI ST. ANNEN UND FRIEDRICHSTADT
Neue Verkehrsverbindungen aus der Zeit um 1900

Die Eider bildet bis heute die Grenze zwischen Schleswig und Holstein, den ehemaligen Herzogtümern. Sie war nicht nur eine politische Grenze, sondern auch ein schwer zu überquerendes naturräumliches Hindernis.

Eine Fähre gab es über die Eider schon vor der Gründung Friedrichstadts 1621. Immer wieder kam es bei dieser Fähre zu Unfällen mit Verletzten oder gar Toten. Auch war sie bei Eisgang nicht nutzbar, so dass die Eider teilweise wochenlang unpassierbar war oder man lange Umwege in Kauf nehmen musste.

Trotzdem entschied die Regierung während der Verhandlungen zum Bau der Eisenbahn-brücke 1881, auf eine Fußgänger- und Fahrbrücke zu verzichten, da die Brücke als Dreh-brücke meistens für den Schiffsverkehr offen sein sollte und der Fährbetrieb für das we-sentlich verminderte Verkehrsaufkommen nach Eröffnung der Eisenbahn als ausreichend angesehen wurde.

Am 5. Oktober 1885 begannen die Bauarbeiten. Sie dauerten zwei Jahre. Die Leitung und Ausführung oblag der Duisburger Brückenbaugesellschaft Hartkort. Die Brücke hatte eine Länge von 430 Metern, ihre Breite betrug 5 Meter. Sie ruhte auf neun Pfeilern, die mit

Ansichtskarte der Eiderbücke, um 1920. (Foto: Stadtarchiv Friedrichstadt)

Luftbild der Eiderbrücke von 2009. (Foto: W. Raabe)

Hilfe von Senkkästen, den sog. Caissons, errichtet wurden. Dabei erlitten einige Arbeiter durch den veränderten Luftdruck in den Caissons Verletzungen oder starben.

1906/07 wurde die Brücke zweigleisig ausgebaut, eine Maßnahme, die 1989 wieder rückgängig gemacht wurde. Die letzte große Veränderung erfuhr die Brücke im Juli 1992, als die stillgelegte, westliche Stahlbrücke abgebrochen wurde.

Das zweite große Brückenprojekt bei Friedrichstadt/St. Annen war der Bau der Eiderstraßenbrücke. Auch nach Einweihung der Eisenbahnbrücke blieb der Wunsch nach einer festen Querung für Fußgänger und Fuhrwerke bestehen. Doch es sollte noch mehr als dreißig Jahre dauern, bis sich dieser Wunsch erfüllte.

So waren es denn auch vor allem militärische Gründe, die den Bau der Brücke im Ersten Weltkrieg vorantrieben. Errichtet wurde sie von der in Hannover ansässigen Firma Louis Eilers. Sie ist 250 Meter lang, das vierzig Meter lange Mittelteil kann hochgeklappt werden.

Am 3. Dezember 1916 wurde die Brücke eingeweiht. In der Friedrichstädter Zeitung stand aus diesem Anlass: *„Die Dörfer jenseits der Eider waren uns, trotzdem sie uns so nahe liegen, sozusagen unbekannt. Mit der Hebung des Verkehrs durch die Brücke werden wir Gelegenheit haben, diese uns so nahe liegenden Dörfer kennen zu lernen und mit ihnen in Verkehr zu treten."*

Da für die Benutzung der Brücke bezahlt werden musste, haben wir einen guten Überblick darüber, wie stark sie in den ersten Jahren ihres Bestehens genutzt wurde. So überquerten beispielsweise im Jahr 1918 40 987 Fußgänger die Brücke und 80 Kraftwagen bis 2 Tonnen. 1921 waren es schon 51 560 Fußgänger und 1728 Kraftwagen bis 2 Tonnen. Ein Fußgänger zahlte 1916 einen Tarif von 5 Pfennig, ein Kraftwagen zwischen 120 Pfennig und 200 Pfennig, je nachdem, wie viele Sitze er hatte.

Heute ist das Passieren der Brücke kostenlos. Dass sie aber eine wichtige Verbindung ist, zeigte sich im Winter 2007/2008, als sie wegen Reparaturarbeiten wochenlang gesperrt war und die Pendler zwischen Dithmarschen und Nordfriesland kilometerweite Umwege in Kauf nehmen mussten, um auf die andere Seite zu gelangen.

Christiane Thomsen

Kinder an der Eisenbahnbrücke bei St. Annen, um 1905. (Foto: Stadtarchiv Friedrichstadt)

DER NORD-OSTSEE-KANAL
Dithmarschens Wasserstraße in die Welt

Magisch zieht der Nord-Ostsee-Kanal (NOK) die Menschen an. Zugleich ist die meistbe-
fahrene künstliche Wasserstraße der Welt ein Fernweh-Ort. Schiffe aus vieler Herren Län-
der vermitteln dieses Gefühl. Schon bei der Eröffnung im Juni 1895 zog es die Menschen
ans Kanalufer: Kaiser Wilhelm II führte mit seiner Yacht „S.M.S Hohenzollern" einen Kor-
so von 24 Schiffen durch den neuen Kanal an und gab ihn somit offiziell für den „Weltver-
kehr" frei. An beiden Ufern säumten Schaulustige den künstlichen Fluss. Besonders groß
war der Auflauf in Brunsbüttel, als die kaiserliche Yacht in die Südkammer der alten
Schleuse einlief.

In seiner mehr als hundertjährigen Geschichte hat der Nord-Ostsee-Kanal bis heute auch
wirtschaftlich nicht an Bedeutung verloren. Im Gegenteil: Er wird weiter ausgebaut, damit
noch größere Schiffe ihn passieren können. Denn der NOK, der in der internationalen
Schifffahrt „Kiel-Canal" genannt wird, ist das Tor nach Skandinavien und ins Baltikum. Die
98,6 Kilometer lange Großwasserstraße durchquert Schleswig-Holstein, verbindet Nord-
und Ostsee, erspart den Schiffen somit die lange Fahrt durch den Skagerrak an der Nord-
spitze Jütlands, immerhin eine Verkürzung der einfachen Wegstrecke von etwa 250 Seemeilen. Technisch ist der NOK so ausgestattet, dass sein Betrieb 365 Tage im Jahr rund um

Reichlich Schiffsverkehr: Der Nord-Ostsee-Kanal durchquert das Land, verbindet Nord- und Ostsee.
(Foto: Archiv D. Brumm)

die Uhr gewährleistet ist, und dies bei fast jedem Wetter. Nur bei schwerem Eisgang kann es zu Behinderungen kommen. In seiner Geschichte fror der Kanal viermal zu. Im strengen Winter 1929 war es besonders schlimm, Frachter blieben im dicken Eis stecken.

Nicht nur Frachtschiffe und Tanker aus mehr als hundert verschiedenen Ländern passieren jedes Jahr den Kanal, auch nutzen viele Kreuzfahrtschiffe diesen Wasserweg. Im Sog dieses „Traumschiff"-Booms hat der Tourismus an Bedeutung gewonnen. Der NOK ist zum Ziel von Radtouristen aus ganz Deutschland geworden. So gilt die „Straße der Traumschiffe" als eine der spannendsten Radstrecken Norddeutschlands. Wo sonst können Radler mit Kreuzfahrtschiffen, Frachtern und Containerriesen zu einer Wettfahrt starten?

Aber auch die gewaltigen Bauwerke wie die Schleusen und Brücken überwältigen. Zehn Brücken führen über den Kanal, vier von ihnen sind „Dithmarscher". Eine moderne Straßenbrücke, die in den Jahren 1979 bis 1983 entstand, verbindet bei Brunsbüttel die Bundesstraße 5 (Itzehoe–Heide). Nur für die Eisenbahn nutzbar ist die Brücke in Hochdonn im Zuge der Bahnstrecke Hamburg–Westerland. Mit dem Bau der filigranen Konstruktion wurde kurz vor dem Ersten Weltkrieg begonnen, fertiggestellt wurde sie aber erst 1920. Das Besondere an dem Bauwerk: es ist 2218 Meter lang. Über den Kanal spannt sich ein 121 Meter langer Schwebeträger, der 2006 in einer spektakulären Aktion ausgewechselt wurde. Schiffsaufbauten hatten ihn gestreift, außerdem nagte der Rost am Stahl.

Einige Kilometer weiter passiert bei Schafstedt die Straßenbrücke Hohenhörn im Zuge der Autobahn 23 den NOK. In Sichtweite ist dann schon die neue Grünenthaler Hochbrücke auszumachen, über die neben Autos auch die Regionalzüge der Strecke Heide–Neumünster rollen. Diese Brücke kann auch von Fußgängern überquert werden, von oben bietet sich ein faszinierender Blick auf die großen Pötte.

Wie die Schiffe gehören auch die Fähren zum Kanalbild. Was besonders Urlauber immer wieder überrascht, ist die Tatsache, dass die Nutzung dieser „schwimmenden Brücken" nichts kostet. Bereits vor Inbetriebnahme der Wasserstraße wurde durch den Kaiser fest-

Die Überfahrt mit der Fähre ist kostenlos. Dieses Gesetz gilt seit Kaisers Zeiten.
(Foto: D. Brumm)

Insgesamt ist die Hochdonner Stahlbrücke 2218 Meter lang, hier ein Bild von 1975.
(Foto: Archiv D. Brumm)

geschrieben, dass der Staat für die gebührenfreie Querung zu sorgen hat. Nicht niederge-
schrieben, aber mündlich überliefert ist aus Kaisers Zeiten die Mindestgröße einer Fähre.
Die Planer des Nord-Ostsee-Kanals orientierten sich daran, wie viel Platz ein Dithmarscher
Trauerzug benötigt: vorne ein Vierspänner, dann der Leichenwagen mit dem Sarg, dahinter die trauernde Familie. Berechnet wurde daraufhin, dass eine Fähre mindestens über
eine Traglast von 20 Tonnen verfügen muss. Die heutigen Fähren können bis zu 45 Tonnen
und mehr aufnehmen.

Dieter Brumm

DIE KANALSCHLEUSEN IN BRUNSBÜTTEL
Ein technisches Meisterwerk der Zeit um 1900

In Brunsbüttel übt die Schifffahrt magische Anziehungskraft aus. Große „Pötte", die auf den Meeren der Welt zu Hause sind, und elegante Yachten – auf solch maritime Bilder stößt man in Brunsbüttel an vielen Stellen.

Selbst am Ende der Koogstraße, der längsten Einkaufsmeile der Stadt, schieben sich nicht selten mächtige Schiffe ins Blickfeld. Sie haben dort gerade die Schleusenkammer passiert, sind am Gustav-Meyer-Platz (benannt nach dem Geheimen Baurat Gustav Meyer, dem Erbauer der Neuen Schleusen und ersten Ehrenbürger der Stadt) oder von den Fähren am Nord-Ostsee-Kanal aus gut zu sehen. Sie verschwinden in Richtung Kanalhochbrücke, Rendsburg und Kiel. Andere müssen in den Schleusenkammern länger warten und werden dafür von den Festmachern mit dickem Tauwerk sicher an die Leine gelegt.

Seeleute kennen Brunsbüttel. Eintragungen auf Seekarten und die Leuchttürme auf den Molen weisen ihnen den Weg. Und die Seh-Leute kommen auch auf ihre Kosten. Draußen am Elbdeich fahren Schiffe, vom kleinen Segler bis zum mächtigen Tanker. Wer will, kann – vorbei an Schafen und Gänsen – stundenlang spazieren gehen und aufs Wasser sehen. Im Alten Hafen liegen dicht an dicht die Segel- und Motorboote der Wassersportler. Die meisten von ihnen leben in Brunsbüttel. Auswärtige Freizeitkapitäne machen bevorzugt im Yachthafen, direkt im Windschatten der Schleusen, fest. Hier kann man aus allernächster Nähe verfolgen, wie mit Hilfe der Schleusenkammern die Wasserstände von der Elbe zum Nord-Ostsee-Kanal angepasst werden, damit die Kanalpassage, die immer noch den Umweg über Skagen erspart und die Nord- mit der Ostsee verbindet, möglich wird.

Am Rande der Schleusenkammern sieht man, nur wenige Meter entfernt, rostige Seelenverkäufer und prächtige „Traumschiffe", Hightech-Tanker und kleine Frachter sowie Containerschiffe, die immer größer geworden sind.

Beim Kanalbau zwischen Brunsbüttelkoog, wie die Stadt einst hieß, und Kiel-Holtenau kam es Ende des 19. Jahrhunderts zu den ungewöhnlichsten Erdbewegungsarbeiten im Deutschen Reich. Spaten und Schaufeln, Hand- und Schiebkarren waren wichtige Hilfsmittel. Aufsehen erregten neuartige Eimerketten-Trockenbagger. Über Kettenwerke mit jeweils 21 Stahlblech-Eimern wurde der Bodenaushub befördert. Lokomotiven mit angehängten Seitenkippern bewegten Unmengen an Erdreich.

Die Brunsbütteler Kanalschleuse in Betrieb. (Foto: D. Brumm)

Der Bau der Schleusenanlagen in Brunsbüttel gilt noch heute als wasserbautechnische Höchstleistung. Ohne sie wäre der Kanal nicht zu sichern gewesen. Gestern wie heute kommt es darauf an, die im Rhythmus der Gezeiten und witterungsbedingt wechselnden Außenwasserstände dem annähernd konstanten Wasserstand des Kanals anzupassen. Der Wasserspiegel im Nord-Ostsee-Kanal soll auch heute regelmäßig nicht mehr als 30 cm nach oben oder unten vom Normalwasserstand abweichen, weil es sonst an den Fähranlegern Probleme gibt.

Die alten Baumeister ersannen ein Kammersystem, das durch Umlaufkanäle das Befüllen und Entleeren der Schleusenkammern erlaubt. Das Prinzip der auf einer mehrere Meter dicken Betonplatte ruhenden Schleusen ist einfach: Befährt ein Schiff die Kammer, wird das Tor zur Seeseite geschlossen. Dann sinkt oder steigt, je nach Außenwasserstand, der Pegel innerhalb der Kammer, und zwar so lange, bis das Niveau zur Weiterfahrt auf dem Kanal erreicht ist. Dann erst geht das Schleusentor zur Kanalseite auf.

Die Schleusenkammern hatten eine Breite von 25 m und eine Länge von 150 m. Der Antrieb der Schleusentore erfolgte von Beginn an hydraulisch. Allein für den Schleusen- und Molenbau in Brunsbüttel waren 50 Millionen Mauersteine erforderlich.

Beim offiziellen Schlusspunkt des ehrgeizigen Bauvorhabens im Juni 1895 ließ Kaiser Wilhelm II., dessen greiser, zwischenzeitlich verstorbener Großvater Wilhelm I. das Bauvorhaben acht Jahre zuvor in Auftrag gegeben hatte, es bei einer kurzen Visite bewenden. Mit seiner stattlichen Yacht Hohenzollern (120 m Länge, 14 m Breite, 6,20 m Tiefgang, 307 Mann Besatzung), durchtrennte er die über den fertigen Kanal gespannte schwarz-weiß-rote Kordel.

Brunsbütteler Boden hat der Monarch nie betreten. Dafür kommen heute Jahr für Jahr Tausende, die sich immer gern Zeit nehmen, um auf den Brunsbütteler Schleusen ein wenig von der Atmosphäre der Weltmeere zu erleben.

Kai Tange

DER KLEINBAHNHOF IN HEIDE
Neue Strukturen im Regionalverkehr
des frühen 20. Jahrhunderts

Der Heider Kleinbahnhof ist das einzig erhaltene historische Bahnhofsgebäude der Stadt. Die Kleinbahn des Kreises Norderdithmarschen wurde 1906 eröffnet. Der Bahnhof ist als Kopfbahnhof einer im übrigen ringförmigen Strecke angelegt worden, die über Hennstedt, Delve, Pahlen, Wrohm, Tellingstedt wieder nach Heide führte. Die Gleise und Bahnsteige lagen nördlich, also hinter dem heute als Musikschule genutzten Gebäude, das einige Änderungen erfahren musste (Neugestaltung einiger Giebel, Abriss des Dachturms mit

Der Heider Kleinbahnhof um 1930. (Foto: Repro Museum Albersdorf)

Der nagelneue, noch unvollendete Kleinbahnhof von der Südseite. (Foto: Repro Museum Albersdorf)

Uhr). Die Bahn war vor allem zur Lastenbeförderung geplant, spielte aber in ihrer kurzen Geschichte zunehmend bei der Personenbeförderung und für Ausflüge eine Rolle. Bereits seit dem Ersten Weltkrieg wurde die Bahn zum Zuschussbetrieb. Die kleinere Spurweite der Bahn zwang zu ständigem Umlasten der mit der Reichsbahn herangeführten Güter. Mit zunehmendem Aufkommen des Lastwagenverkehrs auf den Straßen wurde sie immer unwirtschaftlicher und schließlich ab 1936 ganz eingestellt und abgebaut.

Die meisten der alten, sehr verschiedenartigen und oft sehr aufwändig erbauten Bahnhöfe stehen im Kern heute noch, sind aber durch veränderte Nutzung stark bzw. bis zur Unkenntlichkeit verändert worden. Etwas besser erhalten sind neben Heide die Bahnhöfe in Hennstedt, Schwienhusen, Tellingstedt und Welmbüttel. Einige Partien der Bahnanlagen sind noch erkennbar, so der Bahneinschnitt in Dörpling und der Damm durch das Dörplinger Moor Richtung Dellstedt sowie Dämme der Kleinbahn bei Wellerhop und durch den Norderwohld bei Welmbüttel.

Volker Arnold

DIE WASSERTÜRME IN BRUNSBÜTTEL UND HEIDE

Die Anfänge der zentralen Wasserversorgung Dithmarschens

Die letzten weithin sichtbaren Zeugen der ersten zentralen Wasserversorgung in Dithmarschen sind die in massiver Bauweise ausgeführten Wassertürme in Brunsbüttel und Heide.

Durch den Bau des Nord-Ostsee-Kanals (1887–1895) wurden zwei getrennte Wasserversorgungsnetze für den nördlichen und südlichen Ortsteil von Brunsbüttel notwendig. Ein erstes Wasserwerk bei Kudensee förderte ab 1893 Wasser für den südlichen Teil der Gemeinde Brunsbüttelkoog. Zu dieser Zeit versorgten sich die Orte Büttel und St. Margarethen mit Wasser aus den Gräben. Da als Folge des Bodeneingriffs durch den Kanalbau vermehrt brackiges Elbwasser in den Burg-Kudenseer Kanal und in die Gräben lief, war der Handlungsbedarf hoch. Auch der steigende Wasserbedarf des sich entwickelnden Industriestandortes erforderte hier bald ein neues Wasserwerk und tiefere Brunnen, denn der Kanal hatte die Schichten, aus denen das alte Werk förderte, angeschnitten. Ein erster Wasserturm als Druckgeber entstand 1903 an der Festgestraße. Er war noch bis 1967 in

Der Brunsbütteler Wasserturm an der Ostermoorer Straße neben dem Kanalkrankenhaus kurz nach der Inbetriebnahme 1911.
(Quelle: Stadtarchiv Brunsbüttel)

Betrieb. In diesem Jahr wurde eine Trinkwasserdruckleitung unter dem Kanal hindurchgeführt. Der überflüssige Turm wurde 1969 gesprengt.

Der Wasserturm für den nördlichen Bereich von Brunsbüttel wurde neben dem Kanalkrankenhaus an der Ostermoorer Straße errichtet und nahm 1911 seinen Betrieb auf. Das zugehörige Wasserwerk befand sich am Geestrand bei Kuden. Mit dem Anschluss an das Versorgungsnetz des Wasserverbandes Süderdithmarschen wurde auch dieser Wasserturm seit 1994 nicht mehr gebraucht. Seit 2007 befindet er sich in Privatbesitz. Er steht heute direkt neben den Neubauten des Westküstenklinikums in einer kleinen Grünanlage.

Der durchgehend zylindrische Turm hat eine Höhe von 38 Metern. Die Fassade ist durch Mauernischen und Ziermauerwerk aufgelockert. Im Bereich des Behälters befinden sich zwei Fensterreihen. Das Mansarddach ist mit Pfannen eingedeckt. Hinter der oberen Fensterreihe befindet sich der Wasserbehälter. Er ist 7,10 m hoch und hat einen Durchmesser von 4 m. Das Fassungsvermögen beträgt rund 300 m³.

Der Wasserturm in Heide ist mit fast 49 Metern der höchste in Schleswig-Holstein. Er gilt als Wahrzeichen der Stadt und ist neben dem Kreishaus schon aus der Ferne sichtbar. Er steht nur wenige Schritte östlich vom Marktplatz an der Österweide.

Der Turm wurde nach einem Wettbewerb auf

Der Brunsbütteler Wasserturm an der Ostermoorer Straße neben dem Westküstenklinikum. (Foto: Anke Schroeder).

Der Wasserturm in Heide. (Foto: Werner Siems)

Grundlage der Pläne des Kieler Architekten Voigt im Jahr 1903 errichtet. Der Wasserbehälter hatte ein Fassungsvermögen von 225 m³. Nach einer Typhus-Epidemie im Jahre 1901 wurde der Beschluss gefasst, zu einer zentralen Wasserversorgung überzugehen, und die zu flachen städtischen Brunnen aufzugeben, die verunreinigtes Oberflächenwasser lieferten. Ein Wasserwerk wurde in Süderholm gebaut. Es förderte ab 1903 über eine 3270 m lange Rohrleitung aufbereitetes Grundwasser aus 60 Metern Tiefe zum neu errichteten Wasserturm ins Zentrum von Heide. Er war bis 1989 in Betrieb. Moderne Pumpen machten ihn dann überflüssig.

Seit 1978 steht der Turm unter Denkmalschutz. Seine aufwändige Sanierung wurde 2005 abgeschlossen. Die Entfernung des Wasserbehälters und der Einbau von Zwischendecken im Turmschaft, zusätzliche Fenster sowie ein Treppenhaus mit Fahrstuhl ermöglichen nun eine vielfältige Nutzung.

Heute befinden sich gewerbliche Mieter sowie ein Trauzimmer der Stadt im Heider Wasserturm.

Anke Schroeder

DER BÜSUMER LEUCHTTURM
Vom See- zum Wahrzeichen

An den Küsten der Nordsee wird von künstlichen Seezeichen erst im 13. Jh. berichtet. Die Westküste galt als schifffahrtsfeindlich, da sich die Außensände ständig veränderten. Außerdem fehlte es an den naturräumlichen Voraussetzungen für seegängige Häfen. An der Küste Dithmarschens kann man ab dem 16. Jh. von einem geordneten, künstlichen Seezeichenwesen sprechen. Erst im Jahre 1843 wurde der Dithmarscher Tonnen- und Bakendistrikt mit einer Verwaltung in Büsum geschaffen. Vor der Zeit der Leuchttürme konnten sich die Fischer oder Handelsschiffe tagsüber nach natürlichen Sichtzeichen wie zum Beispiel Kirchtürmen oder Mühlen richten.

Das erste erwähnte Leuchtfeuer wurde 1878 auf dem Büsumer Deich aufgestellt – auch offiziell „Fischerfeuer" genannt. Es war eine kleine Holzbude mit einem etwa 3 Meter hohen Mast, an dem allabendlich eine Petroleumlampe hochgezogen wurde. Dabei handelte es sich um eine sog. Ölfunzel, die aber für die Fischer auf hoher See auch keine Hilfe war. Für die Wattfischer war dieses „Feuer" ein Richtungspunkt bei ihrer Rückkehr aus dem Watt. 35 Jahre hat dieses Feuer seinen Dienst getan. Ein Nachbau dieser Anlage steht heute vor dem Dreiecksplatz am Museumshafen.

Im Jahre 1900 hat ein Büsumer Gast, der Ingenieur Max Gehre aus Rath bei Düsseldorf, einen Leuchtturm mit einem Windmotor auf einem 30 Meter hohen weißen Eisengerüst auf seine Kosten aufstellen lassen – es war seine eigene Erfindung. Dieses

Der Büsumer Leuchtturm auf einer historischen Ansichtskarte, um 1915.
(Amtsarchiv Büsum-Wesselburen)

Das Büsumer „Fischerfeuer" um 1890.
(Amtsarchiv Büsum-Wesselburen)

Windrad lieferte den elektrischen Strom. Die Höhe des Leuchtfeuers lag 24 m über Hochwasser und wurde mit einer Leuchtweite von 10 bis 11 Seemeilen angegeben. Es bezeichnete die Einfahrt in den Büsumer Hafen, der auch „Hafenpriel" genannt wurde. Das Kirchspiel Büsum war für dieses Leuchtfeuer unterhaltspflichtig. Allerdings wurde dieses Feuer von behördlicher Seite nicht genehmigt; es war den Behörden der damaligen Zeit zu unsicher, denn Strom aus Windkraft war damals noch unbekannt. Das Kuriose an dieser Geschichte war, dass der Leuchtturm in allen Seekarten eingezeichnet war, und so konnte man ihn nach dem Verkauf im Jahr 1908 nicht einfach abreißen.

Nach vielen Eingaben an die Regierung und dem Ausbau des Hafens, der 1889 Landeshafen wurde, wurde den Anträgen der Gemeinde stattgegeben und der heutige Leuchtturm gebaut. Nach den Ausschreibungen hatte die Isselburger Hütte am 8. Juni 1912 den Zuschlag für den Bau des Leuchtturms erhalten, und zwar für einen Preis von 25 939,35 Mark, mit der Maßgabe bis zum 15. Dezember 1912 zu liefern. Den Zuschlag für die „Laterne" (das Leuchtfeuer) bekam die Firma Julius Pintsch aus Berlin, der Preis lag bei 7330 Mark.

Mit dem Einrammen von 41 Holzpfählen wurde das Fundament für den neuen Turm geschaffen. Danach konnte mit dem Aufbau des Leuchtturms begonnen werden. Er besteht aus 55 Tonnen schweren gusseisernen Platten von 80 x 90 cm Größe, jede einzelne Platte wiegt etwa 200 Kilogramm. Das Bauwerk hat eine Gesamthöhe von 25 Meter. Die Laterne hat einen Durchmesser von 3 Metern und befindet sich auf der oberen Plattform des 18 Meter hohen Turms. Die Feuerhöhe beträgt 22 Meter über Hochwasser. Der Turm hat 87 Stufen bis zum Leuchtfeuer. Die Leuchte ist eine Gürteloptik mit 700 mm Brennweite für den Hauptsektor und 400 mm für den Wattensektor. Nach der offiziellen Abnahme und dem bestandenen Probelauf konnte das neue Bauwerk am 10. Oktober 1913 in Betrieb genommen werden. Auch der Lokalzeitung, die „Büsumer Nachrichten" vom 14. Oktober 1913 war die Inbetriebnahme dieses neuen Leuchtturms einen Artikel wert:

Der Leuchtturm um 1980. (Amtsarchiv Büsum-Wesselburen)

„Am Freitag, den 10. Oktober wurde das Leuchtfeuer am Strandübergang – das unbewachte Fischerfeuer Nr. 730 des Verzeichnisses der Leuchtfeuer – gelöscht. Die Regierung hat nun den großen, allerdings kostspieligen Leuchtturm errichten lassen, dessen Unterhaltung alljährlich ebenfalls bedeutende Mittel erfordert. Dafür ist das Blinkfeuer etwas Ganzes geworden, wofür unsere schifffartsbetreibende Bevölkerung, insbesondere unsere Fischerflotte der Regierung Dank wissen lassen sollte.“

Bis zum Jahr 1952 hatte dieser Leuchtturm eine schwarze Farbe, erst danach wurde die heutige rot-weiße Bemalung angebracht. Die offizielle Bezeichnung dieses Büsumer Wahrzeichens lautet „Ubr 2", diese Abkürzung bezeichnet die Blinkfolge des Leuchtfeuers. Das Leuchtfeuer ist ein Leit- und Orientierungsfeuer für das Fahrwasser „Süderpiep". Der Turm gehört in die Zuständigkeit der Wasser- und Schifffahrtsverwaltung des Bundes. Die zuständige Ortsbehörde ist das Wasser- und Schifffahrtsamt in Tönning. Bis zum Jahr 1975 gab es einen Leuchtturmwärter, danach war der neue Wächter der Computer in Tönning. Seit 1994 steht der Leuchtturm unter Denkmalschutz.

Dieter Braune

DAS ARBEITSLAGER OSTERRADE UND DIE „RUSSENGRÄBER" IN SÜDERRADE

In den ersten Kriegswochen des Ersten Weltkriegs konnte Deutschland den erhofften schnellen Sieg nicht erringen. Ein längerer Krieg zeichnete sich ab, auf den man nicht vorbereitet war. Erschwerend kam hinzu, dass Großbritannien eine Seeblockade verhängte, die den Import von Lebensmitteln aus Übersee zum Erliegen brachte. Um neue Anbauflächen zu schaffen und damit die Ernährungsgrundlagen zu sichern, setzte die preußische Verwaltung im Herbst 1914 die Moorkolonisation in Schleswig-Holstein wieder in Gang. Dafür standen nun russische Kriegsgefangene in großer Zahl zur Verfügung. Im ehemaligen Kreis Süderdithmarschen entschied man sich für die Kultivierung des Osterrader-Offenbütteler Moores, die im 19. Jh. nicht zuletzt wegen seiner großen Fläche ins Stocken geraten war. Vorgesehen war, eine Anbaufläche von 400 ha schon für das Jahr 1916 herzustellen.

Für die Kultivierungsarbeiten wurde am Ortsrand von Süderrade ein Arbeitslager für 1000 Kriegsgefangene eingerichtet, das militärisch gut gesichert war: *„Umzäunung von Stacheldraht, 2,50 m hoch mit oberer und Quersicherung, innere mit Abstand von 3,0 m davon und 1,5 m hoch. Schilderhäuser in der Mitte der vier Lagerseiten außerhalb der Umzäunung, ein Hochstand neben der Wache. Nächtliche Beleuchtung durch Acetylenlampen an jeder Ecke und in der Mitte des Lagers, Stalllaternen in der Mitte der Langseiten."* Das Lager konnte in voller Besetzung am 10. März 1915 bezogen werden.

Die einzige Aufnahme vom Arbeitslager Osterrade zeigt die russischen Kriegsgefangenen beim Gebet vor der Mittagsmahlzeit. (Landesbibliothek Schleswig-Holstein, Kiel: Postkartensammlung Schillat.)

Russische Kriegsgefangene mit ihren Bewachern im Osterrader-Offenbütteler Moor. (Landesamt für Denkmalpflege Schleswig-Holstein, Kiel: Sammlung Theodor Möller.)

Die Kultivierungsarbeiten verliefen bei weitem nicht so gut, wie man es erwartet hatte. Die russischen Kriegsgefangenen waren nach ihrem Fronteinsatz *„in keinem guten Ernährungszustande"* und angesichts der Entlohnung mit 30 Pfennig am Tag *„großen Teils auch nicht arbeitswillig"*, wie aus einem Bericht des Kreises Süderdithmarschen hervorging. Im März und im April 1915 starben 83 Kriegsgefangene vermutlich an Fleckfieber, das sie von der Front mitgebracht hatten. Die Militärverwaltung zog wiederholt Kriegsgefangene ab. Auch wurden immer mehr Arbeitskräfte in den umliegenden landwirtschaftlichen Betrieben benötigt, so dass im Arbeitslager im Durchschnitt nicht mehr als 300 Kriegsgefangene verblieben. Im November 1915 verfügte die Militärverwaltung eine Umgruppierung: Ca. 560 Engländer, Belgier und Franzosen aus Bergenhusen und Wohlde und 300 Russen aus Güstrow wurden nach Osterrade verlegt, um die Arbeiten im Osterrader-Offenbütteler Moor zu intensivieren. Die Provinzialregierung betrachtete die Arbeiten dort als wegweisendes Projekt von hoher volkswirtschaftlicher Bedeutung. Im Januar 1916 jedoch verfügte das preußische Kriegsministerium die Auflösung aller Arbeitslager in Schleswig-Holstein, weil man die Kriegsgefangenen dringend in der Kriegsindustrie benötigte. Das Osterrader Arbeitslager blieb wegen seiner besonderen Bedeutung jedoch noch bestehen, bis es auch als eines der letzten am 30. September 1916 schließen musste. Das Barackenlager wurde unverzüglich *„aus militärischen Gründen"* abgebrochen. Im Ergebnis war das

Der Lagerfriedhof in den 1930er Jahren. Sammelalbum „Unsere Heimat Dithmarschen", Wischhafen o.J., vermutlich 1934/35. (Stadtarchiv Meldorf)

Osterrader-Offenbütteler Moor zu dem Zeitpunkt vollständig entwässert, und ca. 100 ha Ackerfläche waren für die Bestellung im darauffolgenden Jahr hergestellt.

An das Arbeitslager Osterrade erinnern die sogenannten Russengräber, eine von den russischen Kriegsgefangenen für ihre verstorbenen Kameraden angelegte Begräbnisstätte vor dem ehemaligen Barackenkomplex. In einem umrandeten Areal sind in 11 Gemeinschaftsgräbern 56 Kriegsgefangene begraben. Ein Stein trägt gleichlautend in Deutsch und Russisch die Inschrift: *„Hier ruhen 56 rußische Kriegsgefangene gest. im Lager Osterrade 1915–16. Ruhet sanft!"* Vor der Einrichtung des Lagerfriedhofs waren 28 Kriegsgefangene auf dem Friedhof in Albersdorf beigesetzt worden.

Hans-Peter Maume

DIE LANDWIRTSCHAFTSSCHULE IN HEIDE
Ein bedeutendes Architekturbeispiel der 1920er Jahre

Die Landwirtschaftsschule in Heide ist ein Gebäude, dessen Bedeutung weit über die eigentliche Schulnutzung hinausgeht. Das Gebäude entstand 1925 nach Plänen des Rendsburger Architekten Hermann Rohwer. Der Norderdithmarscher Landrat Kracht hatte darauf hingewirkt, dass die in der Schule einzurichtende Aula zugleich als Sitzungssaal des Kreistages genutzt und entsprechend ausgestaltet wurde.

Der Bau gibt sich in seinem Äußeren als eine *„Quersumme wesentlicher Qualitäten nordelbischer Ziegelarchitektur der [19]20er Jahre"* (H.-G. Andresen). Der gotisch wirkende spitzbogige Eingang betont die Mitte des ansonsten breitgelagerten und klassisch proportionierten Bauwerks und ist von einem eigenwillig gezackten Giebel überbaut, der dem steilen Walmdach vorgesetzt ist und früher zu den längst beseitigten Zackenkronen der Schornsteine korrespondierte. Rückseitig springt das mittig angelegte Treppenhaus turmartig aus der Fassade hervor. Im Inneren bestechen die Farbgebung und die Ausgestaltung

Siegreicher Wettbewerbsentwurf für die Landwirtschaftsschule in Heide von Hermann Rohwer 1924. (Abb. aus „Bauwelt" 1924)

der großzügig belichteten Flure unter Verwendung grünglasierter Baukeramik. Der etwas eng geratene Durchgang zum Hauptportal lässt eine sakrale Note spüren.

Von den Räumen ist die Aula am Westende des ersten Stocks bemerkenswert, obwohl sie durch Einbau einer Neonbeleuchtung und Überführung des „Griebel-Altars" in das Dithmarscher Landesmuseum in ihrer Wirkung heute etwas beeinträchtigt ist. Zentrum des Raumes ist das Vortragspult des eingebauten Gestühls mit dem Monumentalgemälde der Schlacht bei Hemmingstedt von Otto Olde dahinter. Gleich rechts vom Saaleingang hing bis vor kurzer Zeit der „Griebel-Altar", ein Gemälde des Norderdithmarscher Länderpfennigmeisters (Kämmerers) Friedrich Karl Griebel, der 1861 starb. Dieses als Triptychon in neugotischem Stil gestaltete Gedenkbild erinnerte an Griebel, welcher der Überlieferung zufolge während einer Rede mit den Worten „Wahret die Rechte des Landes!" zusammengebrochen und gestorben war. Es soll bei jeder Kreistagssitzung geöffnet, sonst aber geschlossen gewesen sein. Bemerkenswert an der Ausstattung des Saales sind die expressionistisch wirkende Deckengestaltung sowie die Farbfenster mit Darstellung der Wappen aller Kirchspiele Norderdithmarschens durch Hans Gross.

Volker Arnold

Ausgewählte Wappenscheiben von Hans Groß im ehemaligen Kreissitzungssaal der Landwirtschaftsschule Heide. (Fotos: C. Köpper)

DIE FICHTENHAIN-RENNBAHN IN HEIDE
Traditionsreiche Stätte des Pferde- und Motorsports

Wie so manches in Heide steht am Beginn des Pferderennsports der Marktplatz, denn hier wurden die ersten Rennen durchgeführt. Seit 1907 wurden sie dann auf die Fichtenhain-Rennbahn verlagert. Die Pferderennen dort wurden schon vor dem Ersten Weltkrieg gesellschaftliche Ereignisse mit Tausenden von Besuchern. Die Reichsbahn setzte Sonderzüge ein, welche die Besucher aus den Richtungen Hamburg und Neumünster heranbrachten. 1911 baute man einen Musikpavillon, in dem 30 Musiker sitzen konnten. Seit 1912 gehörte zum Programm der Rennbahn auch die Fliegerei. So wurde im Verlauf des „Rundflugs in der Nordmark" ab 24. 6. 1912 auch die Rennbahn angeflogen. Nachdem im Ersten Weltkrieg die Aktivitäten auf der Fichtenhain-Rennbahn ruhten, fanden ab 1919 wieder Rennen statt. In der Regel wurden eine Rennwoche im Sommer und eine Rennwoche im September durchgeführt, ergänzt durch Platzkonzerte und Rennbälle im Tivoli und im Stadttheater.

Parallel zum Durchbruch des motorisierten Straßenverkehrs auf dem Lande in den 1920er und 1930er Jahren wurde die Rennbahn seit 1925 dann auch für Autorennen und Motorradrennen umgebaut. Die Autorennbahn wurde vom Heider Ingenieur Hermann Köster entworfen, hatte zwei überhöhte Kurven und eine Länge von 1250 Metern. Als Deckmaterial verwendete man eine Mischung aus feiner Schlacke und Ölkreide, die von der „Hölle" in Hemmingstedt stammte. Das Trabrenngeläuf für den parallel weiter stattfindenden Pferdesport wurde dafür teilweise verlegt.

Zur Eröffnung der Motorrad- und Autorennbahn im Mai 1925, zu der 8500 Zuschauer gekommen waren, schrieb der Heider Anzeiger:

„Heide und die neue Autorennbahn hatten am Sonntag einen großen Tag. Es galt um die erste praktische Erprobung der neugebauten Motorrad- und Autorennbahn. Heide war aus diesem Anlaß auf einige Stunden zur Großstadt geworden. Schon von ein Uhr ab war der Andrang zur Rennbahn sehr stark. Das neugeschaffene Werk fand allseitige Bewunderung. Den bestehenden zwei Tribünen war eine dritte offene angegliedert. Das ganze Rund der Bahn war von Menschen umsäumt, auch im Mittelfeld waren zahlreiche Besucher anwesend. So war denn ein eindrucksvoller Rahmen für das Sportfest geschaffen. Die Urteile der auswärtigen Fachleute über die Anlage und Ausführung der Bahn lauten äußerst günstig. Die Bahn verspricht, wenn sie ausgebaut und noch weiter vervollkommnet wird, eine der besten in Deutschland zu werden. Das zeigen auch die schon jetzt er-

Impressionen von der Rennbahn aus den 1920er Jahren. (Fotos: Hans Bachmann)

zielten Geschwindigkeiten, die bei Motorrädern bis 100 Klm., bei Autos 85 bis 128 Klm. also die doppelte Schnell-zuggeschwindigkeit betrugen.
Allseitig wurde zum Ausdruck gebracht, daß Heide darum zu beneiden und zu bewundern sei, daß es mit kühnem Wagemut fertig gebracht habe, was sonst in Norddeutschland seither selbst von Großstädten nicht ermöglicht worden ist..."

In den Jahren 1925–1932, der Blütezeit der Rennbahn, gab es insgesamt 17 motorsportliche Renntage auf der Fichtenhain-Rennbahn, wobei 1930 und 1931 sogar die Deutschen Bahnmeisterschaften der Motorradfahrer hier ausgetragen wurden. Nach 1931 gab es dann allerdings keine Motorsportrennen mehr, weil die Bahn in einem schlechten Zustand war und die Weltwirtschaftskrise weder Investitionen in die Bahn noch einen großen Rennbetrieb zuließ. Auch der Pferderennsport litt stark unter der Wirtschaftskrise, sodass zwischen 1931 und 1933 auch der Trabrennsport ruhte. Lediglich der Reiterverein entwickelte in dieser Zeit Aktivitäten durch den Bau einer Reithalle 1930/31 und die Durchführung von Turnieren.

In den 1930er Jahren führten dann Reiterklub und Reiterverein gemeinsam pferdesportliche Veranstaltungen durch, bis durch den beginnenden Krieg alle sportlichen Aktivitäten auf der Rennbahn ein Ende fanden.

Dafür wurde auf dem Gelände der Rennbahn ein Durchgangslager für polnische und sowjetische Kriegsgefangene errichtet. In diesem dunkelsten Kapitel der Geschichte der Fichtenhain-Rennbahn war unter den sowjetischen Kriegsgefangenen eine Vielzahl von Opfern zu beklagen, da sie hier bereits völlig entkräftet und erkrankt ankamen und offenbar ohne große Hilfeleistung vom Wachpersonal dem Sterben überlassen wurden.

Nach dem Krieg begründete eine zweitägige Rennwoche des Reitervereins im September 1948 die Tradition des Pferdesports auf der Fichtenhain-Rennbahn neu, die bis heute währt. Auch im Bereich des Motorsports ging es zunächst weiter, allerdings nicht mehr durch Autorennen, sondern durch Motorradrennen.

Martin Gietzelt

DAS FRENSSENHAUS IN BARLT
Wohnort eines umstrittenen Schriftstellers

Das reetgedeckte Haus wurde 1853 von dem Tischler und Zimmerer Hermann Frenssen gebaut, der beim Bau auch Abbruchmaterial von seinem Elternhaus verwendete. Die ursprüngliche räumliche Aufteilung dieser Handwerkerkate ist zum großen Teil noch erhalten. Die Werkstatt befand sich im Raum der jetzigen Diele im Norden des Hauses. Neben seiner handwerklichen Tätigkeit betrieb Hermann Frenssen noch eine kleine Landwirtschaft und ein kleines Lohnunternehmen mit einer Dreschmaschine. Im Bereich des jetzigen Vorgartens befand sich ursprünglich die Süderschmiede, dann ein Haus mit zwei Wohnungen. Hinter dem Haus befand sich das Alteleutehaus – Wohnhaus für mittellose alte Menschen.

Hermanns Sohn Gustav Frenssen erwarb das Elternhaus 1912 von den Geschwistern und baute es in den Folgejahren zu dem jetzt bestehenden Anwesen um: Der Haupteingang wurde auf die Werkstattseite verlegt, eine Loggia dort errichtet, der Vorder- und Hauptgarten wurden angelegt. Nach Aufgabe des Wohnhauses in Hamburg-Blankenese wurde das vorher von der Familie als Sommersitz genutzte Elternhaus Hauptwohnsitz Frenssens seit 1920. Das Nebenhaus wird 1921 mit einem Zwischenbau verbunden, anfangs als

Das Frenssen-Haus heute.
(Foto: D. Stein)

Gustav Frenssen mit seiner Frau, um 1920.
(Foto: Archiv D. Stein)

Gartenstube, dann als Saal bezeichnet, und als repräsentatives Wohnzimmer genutzt. Frenssens Künstlerfreund der Expressionist Wenzel Hablik (1884–1934) gestaltete den Raum malerisch. Im Decken- und oberhalb der Fenster und Türen gelegenen Wandbereich führte Hablik seine erste mehrfarbige Decken- und Wandmalerei aus. Diese wurde um 1941/42 abgedeckt. 2006 konnte ein ca. 2 Quadratmeter großer Abschnitt dieser malerischen Raumgestaltung wiederhergestellt werden.

Das Frenssenhaus ist im Wesentlichen so erhalten, wie Gustav Frenssen es von 1920 bis zu seinem Tod 1945 bewohnt hat. Neben dem repräsentativen Saal mit seiner biedermeierlichen Einrichtung und Bildern u. a. von Hablik und Jacob Alberts (1860–1941) vermitteln die Bibliothek, das Arbeitszimmer, Küche und Wohndiele einen Einblick in Frenssens Lebenswelt.

Der Handwerkersohn wurde am 19. Oktober 1863 in diesem Haus geboren und wuchs zusammen mit seinen Geschwistern Auguste, Theodor und Georg dort auf. Er besuchte die Schule in Barlt, dann das Meldorfer Gymnasium – wo Adolf Bartels zu seinen Mitschülern zählt. Seit Herbst 1884 besuchte Frenssen das Königliche Gymnasium in Husum, wo u. a. Ernst Graf von Reventlow sein Mitschüler war. Der Barlter wohnte zur Miete in dem Haus in der Wasserreihe, das Theodor Storm bis zu seinem Wegzug nach Hademarschen bewohnt hatte, und nutzte dort dessen ehemaliges Arbeitszimmer als seine Stube. Sein Mittagessen bekam er als „Freitisch" bei der Witwe Ida Tönnies, der Mutter von Ferdinand Tönnies (1855–1936), einem der Begründer der Soziologie. Nach dem Abitur 1886 in Husum studierte Frenssen Theologie in Tübingen, Berlin und Kiel. Nach seinem Examen 1890 heiratete Gustav Frenssen die Lehrertochter Anna Walter. Die erste Pfarrstelle hatte Frenssen in Hennstedt. Von 1892 bis 1902 war er Pastor in Hemme, ebenfalls in Norderdithmarschen. Er war ein anerkannter Prediger und Seelsorger und versuchte sich nebenbei auch als Schriftsteller. Im Herbst 1901 erschien – zeitgleich mit Thomas Manns „Die Buddenbrooks" – Frenssens Erzählung „Jörn Uhl", die – im Gegensatz zu den Buddenbrooks – der große Renner der Saison wurde. Frenssen gab den Pastorenberuf auf und lebte seitdem als freier Schriftsteller, anfangs in Meldorf, wo er sich eine Villa im englischen Landhausstil baute. Nach dem Bau einer großen Villa in Blankenese an der Baurstreppe zog er dorthin, um sozusagen von Hamburg aus als Deutschlands meistgelesener Schriftsteller auch Weltruhm zu erlangen. Seine Erzählungen wurden in den Folgejahren

Als wäre der Schriftsteller nur eben vor der Tür.
(Foto: D. Stein)

in viele Sprachen übersetzt. Das Ehepaar hatte keine leiblichen Kinder. Der Pflegesohn Fritz Hansen stammte aus Chile, die Pflegetochter Wiebke wird später von Frenssens adoptiert.

In der Meldorfer und Hamburger Zeit entstanden u. a. die Erzählungen „Hilligenlei" 1905, „Peter Moors Fahrt nach Südwest" 1906, „Klaus Hinrich Baas" 1909, „Der Untergang der Anna Hollmann" 1911, „Bismarck" 1914, „Die Brüder" 1917.

1920 gab Frenssen die Villa in Blankenese auf und zog mit seiner Familie ins Elternhaus nach Barlt. Werke aus dieser Zeit sind u. a. „Grübeleien" 1920, „Der Pastor von Poggsee" 1921, „Briefe aus Amerika" 1923, „Lütte Witt" 1924, das Hauptwerk „Otto Babendieck" 1926 (in bewusster Nachfolge von Charles Dickens), „Möwen und Mäuse" 1927, „Dummhans" 1930 und „Der brennende Baum" 1931 (mit Illustrationen von A. Paul Weber, wie auch bei einigen anderen Büchern Frenssens).

Frenssens Gedankenwelt ist geprägt vom Ideologiemix der Jahrhundertwende: völkisch, nationalistisch, sozialistisch, liberaltheologisch, biologistisch u. a. Der engagierte liberale und soziale Theologe entwickelt sich zum Sympathisanten des Marxismus und wird spätestens seit 1932 ein eigenständiger Vertreter der antibürgerlichen radikalen NS-Ideologie, der sich vehement für die NS-Diktatur einsetzt. Seit 1933 schreibt Frenssen zunehmend von NS-Gedanken bestimmte ideologische Bücher wie „Der Glaube der Nordmark" 1936, „Vorland" 1937, „Der Weg unseres Volkes" 1938, „Lebensbericht" 1940 und „Lebenskunde" 1942.

Am 11. April 1945 stirbt Gustav Frenssen in seinem Barlter Haus und wird auf dem Wodansberg bei Windbergen begraben. Seine Frau Anne Frenssen kümmert sich um den schriftstellerischen Nachlass, sie lernt Arno Schmidt (1914–1983) kennen, der sich für Frenssen interessiert. Am 1. November 1985 stirbt sie in Barlt. Das Frenssenhaus ist bis heute im Besitz der beiden Töchter von Wiebke und wird von ihnen erhalten. Sie unterstützen auch die kritische Auseinandersetzung mit Frenssen, der die deutsche Literaturgeschichte leider ganz anders als Thomas Mann und Arno Schmidt geprägt hat.

Dietrich Stein

DIE NEULANDHALLE IM DIEKSANDERKOOG
Zeugnis der völkischen Ideologie der NS-Zeit

Deichreif war das Land auf der schleswig-holsteinischen Seite der Elbmündung schon lange. Als ab 1933 die Nationalsozialisten regierten, verwirklichten sie mit dem Adolf-Hitler-Koog, dem heutigen Dieksanderkoog, ein Landgewinnungsvorhaben, das zu einem propagandistischen Vorzeigeobjekt wurde: Der Reichsarbeitsdienst kam dort zum Einsatz, der Ort wurde auf dem Reißbrett vom Kieler Architekten Ernst Prinz (1878–1974) entworfen – mit 90 Höfen, 20 Arbeiter- und 4 Handwerkerhäusern, zwei Schulen und einem Gasthaus. Es sollte eine „Volksgemeinschaft" aus Bauern, Handwerkern und Arbeitern im völkischen Sinn konstruiert werden. Der Adolf-Hitler-Koog war als Auftakt für den sogenannten „Lohse-Plan" gedacht – Hinrich Lohse (1896–1964), der nationalsozialistische Gauleiter Schleswig-Holsteins, wollte in 100 Jahren 30 000 Hektar Neuland in 30 neuen Kögen eindeichen lassen. Als zentrales Gebäude im ersten neuen Koog entstand die Neulandhalle, gebaut nach Plänen des Architekten Richard Brodersen (1880–1968). Höhepunkt der propagandistischen Inszenierung der Neulandgewinnung als völkischer Utopie war der Besuch Adolf Hitlers im August 1935 zur Grundsteinlegung der Neulandhalle.

Die Neulandhalle wurde auf der einzigen bescheidenen Erhebung, einer Wurt mit dem Namen Franzosensand, im neuen Koog errichtet und war dadurch herausragender Bezugspunkt der gesamten Koogsanlage. Sie hatte für den neuen Ort ersatzkirchliche Funktion: Dort trafen sich die Siedler zu herausragenden Ereignissen im Lebens- und im Jahreslauf. Eine Glocke rief sie zusammen. Zugleich wurde dem Haus eine überörtliche Bedeutung beigemessen – als Schulungsstätte und als gebautes Symbol für die kultisch überhöhte nationalsozialistische Volksgemeinschaft. Diese Aufgaben spiegelten sich auch in der Architektur und der künstlerischen und bauplastischen Ausstattung des Hauses. An der Nordwand waren schon aus einiger Entfernung zwei rund vier Meter hohe Wächterfiguren aus Keramik zu erkennen, die der Bildhauer Ludolf Albrecht (1884–1955) entworfen hatte. Sie stellten einen Soldaten mit einem Stahlhelm auf dem Kopf, mit Seitengewehr, Patronengürtel und Gewehr dar. Daneben stand die Darstellung eines Arbeitsdienstmanns, mit Schirmmütze und Spaten. Diese Figuren waren Sinnbilder für den Wehr- und den Arbeitsdienst als uniformierte Herrschaftsinstrumente zum Dienst an der Volksgemeinschaft. Beide Figuren wurden überspannt und damit optisch zusammengeklammert durch einen Reichsadler an der Nordseite des turmartigen Aufsatzes auf dem Dach der

Die Neulandhalle um 1940. (Foto: Sammlung Trende)

Halle. Nach dem Ende des Zweiten Weltkriegs wurden die Figuren und der Reichsadler entfernt. Im Inneren der Neulandhalle lag im Zentrum des Erdgeschosses der Versammlungsraum, der eine sakrale Atmosphäre vermittelte. Dem Eingang gegenüber steht altargleich ein Kamin mit einer Darstellung von Schwert und Ähren auf dem Rauchabzug als Symbole für Blut und Boden. Die kultisch-funktionale Bestimmung des Raums prägten vor allem die Fresken an der Ostwand des Saals von Otto Thämer (1892–1975). Sie stellen die Themen „Der Deichbau", „Hausbau", „Sämann" und „Schnitterin" dar. Diese Bilder idealisieren die körperliche Arbeit und fügen sich damit in die nationalsozialistische Kunstauffassung. Mit diesen Fresken, in denen farblich Braun- und Erdtöne dominierten, wollte der Künstler den „Segen der Erde" im Sinne des Romans von Knut Hamsun (1859–1952) ausdrücken und damit an Landwirte erinnern, die der Natur ihren Lebensraum abtrotzen. Die Fresken in der Neulandhalle mit ihren entindividualisierten Menschenbildern lassen sich auch als die ins Religiöse gesteigerte Idee der nationalsozialistischen Volksgemeinschaft lesen: Ideologischer Glutkern sind die Schlüsselbegriffe Blut und Boden über dem „Flammenaltar" des Kamins. Um diesen herum ist die Darstellung der Volksgemeinschaft aus Bauern, Handwerkern und Arbeitern sortiert, in unterschiedlicher Entfernung: Die Bauern, verkörpert durch Sämann und Schnitterin, nah am Zentrum, die Arbeiter (Deich-

Der Versammlungsraum im Erdgeschoss der Neulandhalle. Zustand um 1940. (Foto: Sammlung Trende)

bau) und Handwerker (Hausbau) dann ihnen zunächst, ihre Verbindung zu „Blut und Boden" ist nicht unmittelbar, sondern wird durch den Bauern vermittelt. Der Funktion und dem Standort entsprechend war die Neulandhalle eine Art Gesamtkunstwerk aus Architektur, Wandmalerei, Plastik und Handwerkskunst – ein Beispiel einer niederdeutsch gemeinten Variante einer völkisch-militanten Kunstauffassung und ein Signum der Landnahme – gelegen zwischen Himmel und Erde. Der gesamte Adolf-Hitler-Koog war ein Ort nationalsozialistischer Selbstdarstellung, in der Neulandhalle kulminierten die völkischen Ideen. Heute kann sie Auskunft geben über die Mechanismen der nationalsozialistischen Verführung und der Propaganda.

Frank Trende

DIE ÖLRAFFINERIE BEI HEMMINGSTEDT
Schwarzes Gold in Dithmarschen

Übertage fällt der Blick auf moderne Raffinerieanlagen, hauptsächlich aus Eisen und Stahl errichtet. Sie erstrecken sich zwischen den Gemarkungen Braaken und Lieth. Der Höhenunterschied zwischen Geest und Marsch beträgt dort 16 Meter. Diese Lokalität trägt die Bezeichnung „Hölle". Das bebaute Werkgelände misst 146 Hektar, der höchste Schornstein endet 175,2 Meter über Grund. Das Gewirr aus Destillationskolonnen, Fraktionstürmen, Rohrtrassen, Schienen, Tankfeldern und Kühltürmen entwickelte sich nach dem September 1939, als das im Liether Moor seit 1935 geförderte „flüssige Gold" wehrwirtschaftliches Interesse auslöste.

Untertage verbirgt sich ein stillgelegtes, auf der Welt einmaliges Bergwerk zum Heben eines kostbaren Bodenschatzes, als die plastische Ölkreide bzw. „Dithmarscher Brauner Ölschatz" bekannt. Angelegt wurde dazu ein erster Förderschacht 1882, dann 1919 mit Strecken auf 55- und 80-m-Sohlen versehen und ab 1938 wesentlich erweitert. Nach einem Schachtunglück 1941 mit 5 Toten beim Tieferteufen auf 158,5 Metern, nach Abteufen 1942 eines zweiten Schachtes und Auffahren einer 140-m-Sohle, begann der Ausbau zu einem 13,1 Kilometer langen Streckennetz bis zu Teufen von 156 Metern.

Der historische Anfang begann im Herbst 1855 mit der Entdeckung braunschwarzer, verbackener Asphaltsande in einem in Deutschland seltenen Erdölausbiss etwa 6 Meter unter

Nordöstliche Ansicht der Anlagen der Holsteinischen Oelgruben-Gesellschaft mit Schachtturm, Kesselhaus und Bohrturm um 1882. Im Vordergrund wassergefüllte Kuhlen nach dem Abbau von Ölsanden um 1858. (aus R. A. Meyn, Die Oel-Kreide bei Heide in Holstein).

der Oberfläche. Der örtliche Landwirt Peter M. Reimer grub hier für sein Vieh eine Tränke, holte im Frühjahr 1856 „Fachleute" zur Erklärung der aromatisch riechenden dunklen Sande herbei und ließ vom Geognosten Dr. Ludwig Meyn eine Aufschlussbohrung niederbringen. Der erkannte einen bitumenhaltigen Ölsand, als Hinweis auf Erdöl in 25 Meter Tiefe, und veröffentlichte am 3. April 1856 seine Ergebnisse. Er schlug die Gewinnung eines Leuchtöls aus den brennbaren Anteilen des Ölsandes in einer kleinen Ölgesellschaft Nissen & Volkens vor. Interessant ist dabei, dass der Sommer 1857 – als im Hannoverschen und 1859 in den USA ergiebige Erdölquellen bekannt wurden – später weltweit als der Beginn des Erdölzeitalters angesehen wurde und bis heute wird.

Das Südgelände der Raffinerie Heide im Jahre 2000 mit Kraftwerk, Produktionsanlagen für petrochemische Grundstoffe und Werksiedlung im Ortsteil Braaken. (Foto: Helicolor-Luftbild, Werner Peters e. K.).

Ausbau der Anlage des Schachtes I im Jahre 1938. Die 80-m-Sohle mit 8 m breitem Füllort. Die Förderwagen wurden im Haspelbetrieb gezogen. (Foto: DEA-Archiv, Dürkop).

Durch tiefere Bohrversuche 1865 fand er einen viel größeren Ölschatz, nämlich eine ab 35 Metern mit Öl getränkte, braune brennbare Kreide. Den Entschluss, durch bergmännische Gewinnung den Ölkreideschatz zu heben, versuchte sein Namensvetter R. A. Meyn ab 1882 mit einem Schachtbau. Leider vergeblich, denn die Schachtabdichtung versagte. Auch 13 bemerkenswerte Bohrungen im „Hölle"-Gebiet, eine sogar bis in 1664,45 Meter Teufe als Deutschlands tiefste Bohrung 1905, zeigten nur Ölspuren. Aber das erkannte Ausmaß des ebenfalls hier entdeckten riesigen Heider Salzstocks beflügelte die Geologen, einen weiteren 3. Dithmarscher Bodenschatz zu erkunden, ein gewaltiges Salzlager, als das „Weiße Gold in Dithmarschen" benannt.

Nach dem Ersten Weltkrieg unternahmen 1919 die Holsteinische Erdölwerke GmbH, Heide, erneut den Versuch, die Ölkreide bergmännisch zu gewinnen. Nach einer verheerenden Schachtexplosion 1924 und Betriebsaufgabe 1926 erbrachte die Ölkreideförderung nur ein enttäuschendes Ergebnis. Das Grubengebäude lief zwei Jahre voll Wasser, ehe es ab 1934 nochmals einen ungeahnten Ausbau im Rahmen der militärischen Nutzung durch das NS-Regime bis 1945 erfuhr.

Aus dem Liether Moor meldeten am 13. September 1935 Bohrarbeiter der DEA-Tochter D.P.A.G., Wietze, mit einer wirtschaftlich nutzbaren Ölquelle Holstein 2 aus nur 402 Meter Tiefe erste Bohrerfolge. Der kühne Versuch, mit der übertiefen Aufschlussbohrung Holstein 14 unterhalb des Salzstocks das flüssige Erdöl zu finden, schlug 1938 in sensationellen 3817,3 Metern Tiefe fehl. Immerhin galt die Salzbohrung bis 1947 als die tiefste Bohrung der Welt außerhalb der USA.

Während die Reichsmarine ab 1937 den Ausbau des Bergwerks sowie eine großindustrielle Schwel-Anlage zum Gewinnen des vermuteten 20,4 Millionen Tonnen Ölkreideschatzes beschleunigte, errichtete die DEA-Tochter Erdölwerke Holstein GmbH, Heide, im nördlichen „Hölle"-Gebiet ab 1940 eine einfache Destillations-Anlage. Es folgte aufgrund der wehrwirtschaftlichen Bedeutung der Erdölvorkommen der Ausbau zu einer Raffinerie. Trotz massiver Bombenangriffe auf Schacht- und Raffinerie-Anlagen ab Sommer 1944 versuchten rund 2500 DEA-Arbeitskräfte, davon 500 Kriegsgefangene, die Erdölwerke bis Kriegsende Mai 1945 betriebsbereit zu halten, wobei viele Tote und Verletzte zu beklagen waren.

Noch im Spätherbst 1945 begann der Wiederaufbau aus den Trümmern. Der Bergwerks-betrieb endete 1948. Die beiden Schächte verfüllte man 1963 mit festen Stoffen und schloss sie mit dicken Betondeckeln ab. Ab 1952 ragte eine 82 Meter hohe, moderne Crackanlage als neues Wahrzeichen über dem „Hölle"-Gelände empor. Durch weitere Ausbaustufen mit Destillations- und Vakuumanlagen im nördlichen Werkgelände und mit komplizierten Verarbeitungsanlagen zur Gewinnung von petrochemischen Produkten im Südgelände veränderte sich jährlich der Anblick auf den Industriekomplex. Die letzten Umstrukturierungsmaßnahmen 1999/2000 für einen leistungsfähigen Hydrocracker ließ den Raffineriewert auf 1,35 Milliarden Dollar steigen. Die Produktionskapazität pendelte sich zwischen 4–5 Millionen Jahrestonnen ein.

Mit ihren vielen kleineren Tanks und vielfältigen Möglichkeiten zu Produktionsanpassun-gen an die Anforderungen des Marktes entwickelte sich die Heider Raffinerie zu einer Spezialitäten-Raffinerie. Wie aus einer Spinne fließen in über 20 unterirdischen Pipelines, in Lkw-Kolonnen und Kesselwagenzügen in alle Richtungen u. a. Roh-Erdöl, Benzin, Dü-sentreibstoff, Heizöl, Schmieröl, Bitumen sowie allerlei technische Gase, Frischwasser, Ab-wasser, Heiß- und Heizwasser zu den Kunden. Der „Dithmarscher braune Ölkreideschatz" unter Tage wird so lange ruhen, bis das „Flüssige Gold" zur Neige geht.

Hinrich Dürkop

DIE GEDENKSTÄTTE GUDENDORF
Sowjetische Kriegsgefangene im Zweiten Weltkrieg

Die Gedenkanlage in Gudendorf erinnert an das Geschehen in und um ein Kriegsgefange-
nenlager und Krankenrevier für sowjetische Kriegsgefangene im Zweiten Weltkrieg.
In Gudendorf existierte seit Ende 1941 ein Gefangenenlager für sowjetische Kriegsgefangene. Ähnlich wie auch an anderen Orten in Dithmarschen und Schleswig-Holstein hat es
hier im ersten Winter 1941/42 eine hohe Zahl von Opfern unter den sowjetischen Kriegsgefangenen gegeben. Nachweisbar sind aus dem Lager Gudendorf in diesem Zeitraum
mindestens 13 Tote, die auf dem Paulusfriedhof in Brunsbüttel bestattet wurden. Für die
weitere Entwicklung dieses Lagers bis zur Einrichtung des „Erweiterten Krankenreviers"
im April 1944 gibt es nur vereinzelte Hinweise.

*Die 11 m hohe Stele der Gedenkstätte
Gudendorf mit der Bronzegruppe im
oberen Teil. Sie stellt den Fährmann Charon
aus der griechischen Mythologie dar, der in
seinem Nachen einen Verstorbenen und
eine trauernde Frau über den Acheron ins
Reich der Toten zur ewigen Ruhe bringt.*

Luftbild von Gudendorf. Aufnahme vom 16.4.1945. Westlich des Barackenkomplexes wurde die Gedenkanlage errichtet. (Foto: Archiv Zeitschrift Dithmarschen)

Im April 1944 veränderte sich die Situation. Ursache hierfür war die Verlegung des „Erweiterten Krankenreviers" des Stammlagers XA von Heidkaten bei Kaltenkirchen nach Gudendorf. Heute ist nachweisbar, dass in Heidkaten bis zu diesem Zeitpunkt mindestens 499 sowjetische Kriegsgefangene gestorben waren, wobei von weiteren Opfern ausgegangen werden muss. Die Anzahl der Toten war vor allem im Winter 1941/42 besonders hoch, sodass Heidkaten für die Führung des Stammlagers XA in dieser Zeit die Rolle eines Sterbelagers eingenommen haben dürfte.

Für Gudendorf gilt dies nicht! Aus den heute zugänglichen Quellen können 46 in Gudendorf verstorbene sowjetische Kriegsgefangene namentlich nachgewiesen werden. Von 33 Toten wissen wir, dass sie auch in Gudendorf begraben wurden. Von weiteren Opfern muss ausgegangen werden, zumal es einen ernstzunehmenden Hinweis darauf gibt, dass auch aus der näheren Umgebung verstorbene sowjetische Kriegsgefangene in einem Massengrab in Gudendorf begraben wurden. Dabei ist die in verschiedenen Publikationen angegebene Zahl von mehr als 3000 Toten allerdings nicht korrekt, obwohl damit der beim Bau der heutigen Gedenkanlage von der Landesregierung Schleswig-Holsteins selbst angenommenen Opferzahl gefolgt wird.

Schon bald nach Kriegsende wurde in Gudendorf eine erste Gedenkstätte für die verstorbenen sowjetischen Kriegsgefangenen errichtet. Sie spielte im öffentlichen Bewusstsein kaum eine Rolle und war bis Mitte der 1950er Jahre in einem beklagenswerten baulichen Zustand. Eine Initiative der Landesregierung, die teilweise verstreut liegenden Kriegsgräber in größeren Gedenkorten würdiger zusammenzufassen, führte dazu, dass in Gudendorf eine solche neue Gedenkanlage geplant und in den Jahren 1960/61 in ihrem heutigen Erscheinungsbild errichtet wurde. Verantwortlich für die Planung der Anlage war der Kieler Landschaftsarchitekt Hanns-Erik Brodersen, das Mahnmal mit der Plastik des Charon und der trauernden Mutter mit dem toten Sohn schuf der Großhansdorfer Bildhauer Siegfried Assmann.

Gudendorf ist einer der wichtigsten und authentischen Gedenkorte in Schleswig-Holstein. Hier kann der Opfer unter den sowjetischen Kriegsgefangenen gedacht werden, deren Leben unter der rassistischen Ideologie der Nationalsozialisten wenig wert war. Gleichzeitig muss sich das Gedenken auch auf das für die Behandlung der sowjetischen Kriegsgefangenen entwickelte System erstrecken. Denn Gudendorf war Teil dieses Systems, und einige der sowjetischen Kriegsgefangenen, für die Gudendorf eine Station ihrer Gefangenschaft war, wurden im Rahmen dieses Systems an einem anderen Ort geplant dem Tod überlassen.

Martin Gietzelt

DIE INSEL TRISCHEN
Eine wandernde Insel zwischen Natur- und Kulturgeschichte

Dithmarschens Insel Trischen ist heute ein Vogelparadies, in den Sommermonaten lebt nur ein Vogelwart dort, der nach dem Rechten sieht. Dabei war Trischen einst ein Außenposten der Zivilisation. Doch zu Ostern 1943 beendete die Nordsee die Träumereien von einer blühenden Insel vor der Dithmarscher Küste.

Zur Mitte des 19. Jahrhunderts meldeten Fischer und Seeleute, dass sich auf der Düneninsel „Buschsand" grüne Landflecken gebildet hatten. Zwei Jahrzehnte später schickte die Domänenverwaltung Sommer für Sommer Arbeitstrupps auf die Düneninsel, um durch gezielte Landgewinnungsarbeiten den Prozess der Auflandung zu befördern. Um das Jahr 1890 konnten mehr als 100 Hektar Grasland eingemessen werden; es wurde ein Ringwall gebaut mit einem zweigeschossigen Haus aus Stein und einer Viehtränke. Der Schäfer Theodor Frenssen, Bruder des Barlter Erzählers Gustav Frenssen, pachtete das Neuland und ließ dort seine Schafe weiden. Auf weitere Landgewinnungsarbeiten folgte der Einsatz von Arbeitslosen, die Sicherung der Insel Trischen wurde zur Arbeitsbeschaffungsmaßnahme. 1922 pachtete ein Privatmann die Insel, ließ einen Schutzdeich bauen, der rund 80 Hektar landwirtschaftlich nutzbare Fläche umfing, und nannte sein Reich Marienkoog. Er ließ ein stattliches Wohnhaus errichten, dazu Stallungen, ein markantes Wind-

Die „Vogelinsel" Trischen um 1930. (Foto: Sammlung O. G. Meier)

Das Wohnhaus und die Scheune im Marienkoog auf Trischen um 1930.
(Foto: Sammlung O. G. Meier)

rad und die größte Scheune Dithmarschens, die fast 7000 Kubikmeter fasste. Für die Deichbauarbeiter kam eine Baracke hinzu und eine Unterkunft für Feriengäste. Im Jahr 1927 übernahm die Stadt Altona das Regiment auf der Insel, beauftragte einen Landwirt mit der Bewirtschaftung des Hofes im Marienkoog und schickte erholungsbedürftige Stadtkinder in den Ferien in die frische Nordseeluft.

In diesen Jahren war die einsame Insel auch ein Refugium für Schriftsteller. Gustav Frenssen (1863–1945) hatte die Insel schon zum Schauplatz seines Romans „Die Brüder" gemacht, nun ließen sich auch Hans Leip (1893–1983, „Der Nigger auf Scharhörn", 1927) und Jakob Kinau (1884–1965, „Undeichbar Land", 1942) dort inspirieren, Hans Henny Jahnn (1894–1959) arbeitete auf Trischen an seinem Roman „Perrudja" (1929).

Die Idylle auf Trischen war allerdings trügerisch, und das Meer nagte immer wieder an den Buhnen und Deichen, die Verteidigungsanstrengungen mussten weiter verstärkt werden. Das Friedrichskooger Landwirtsehepaar Paula und Hermann Dreeßen, das ab April 1934 den Hof im Marienkoog betrieb, lebte auf der am besten gesicherten Insel an der deutschen Nordseeküste. Die seit 1933 regierenden Nationalsozialisten hatten das Thema Landgewinnung für sich entdeckt und wollten im großen Stil neue Köge eindeichen und Dämme bauen und dieses Werk propagandistisch in Szene setzen. Hier geriet auch die Insel Trischen in das Zentrum der Aufmerksamkeit. Denn eine Meeresströmung, der Altfelder Priel, hatte bereits das Vorland am Friedrichskoog weggespült und bedrohte nun den Deich. So fiel die Entscheidung, den Priel mit einem Steinwall zu durchdämmen. Diese Maßnahme fügte sich ein in die nationalsozialistische Propaganda von der „friedlichen Lebensraumgewinnung", und dieser Damm, so sahen es die Planungen vor, sollte von der Spitze des Friedrichskooges bis zur Insel Trischen geführt werden. Im August 1935 stattete Adolf Hitler der Dammbaustelle einen Besuch ab, nachdem er in der Nähe den Grundstein zur Neulandhalle im damaligen Adolf-Hitler-Koog gelegt hatte. Mit dem neuen Bauwerk

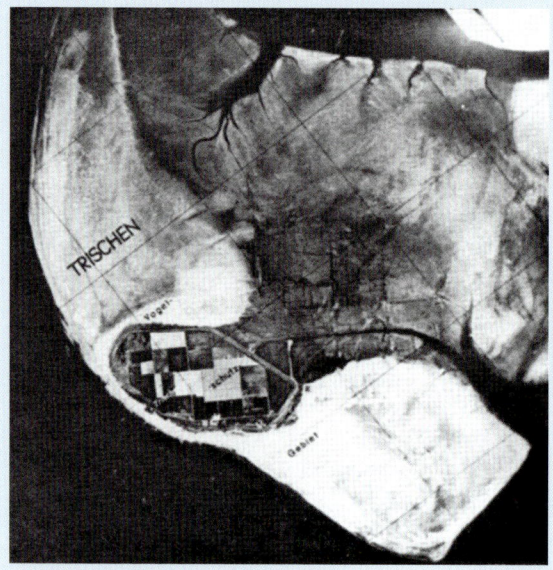

Luftbild von Trischen 1935 mit dem Trischen-Koog.
(Foto: Sammlung O. G. Meier)

würde sich eine Prophezeiung des Erzählers Gustav Frenssen erfüllen, der schon um 1900 von der Vision sprach, eines Tages könne man von Trischen trockenen Fußes zum Dithmarscher Festland wandern.

Dazu sollte es nicht kommen. Zwar erfüllte der Trischendamm seinen Zweck, die Spitze des Friedrichskoogs gegen die zerstörerische Meeresströmung zu schützen, aber bis zur Insel ist er nicht mehr geführt worden.

Die Wirklichkeit auf der Insel Trischen blieb stürmisch: Ostern 1943 brach die Nordsee durch den Deich des Marienkoogs, übersandete die landwirtschaftliche Fläche und riss einen Priel durch das Land. Mitten im Zweiten Weltkrieg konnte Familie Dreeßen nicht mehr mit der Hilfe des Staates rechnen. Im November siedelte der Inselbauer auf das Festland um.

Einige Jahre lang war die kleine Nordseeinsel in der nationalsozialistischen Propaganda ein Sinnbild für den Kampf gegen das Meer und für die friedliche Lebensraumgewinnung, nun wurde sie zum Fanal des Untergangs.

Frank Trende

DAS EIDERSPERRWERK
Ein Bollwerk gegen die Naturgewalten

Nahezu 5 Kilometer lang ist der 8,50 Meter hohe asphaltierte Damm mit Sperrwerk und Straßentunnel, der Dithmarschen quer durch den Mündungstrichter der Eider mit der Halbinsel Eiderstedt verbindet. Als eines der größten Küstenschutzbauwerke an der deutschen Nordseeküste wurden Damm und Sperrwerk in den Jahren 1967–1973 gebaut. Das Bauwerk verhindert, dass die Nordsee bei Sturmfluten – wie vorher Jahrhunderte lang – über das Ästuar weit in die landwirtschaftlich genutzten Niederungsgebiete des Binnenlandes dringt. Andererseits kann mit Regelung der Tide die Entwässerung des niedrig gelegenen Grünlandes um Eider, Treene und Sorge durch fünf Ein- und Auslauftore von je 40 Metern Breite gesteuert werden.

Bereits 1936 war in Höhe Nordfeld östlich von Friedrichstadt ein Sperrwerk in der Eider errichtet worden, das zwar die Hoffnungen auf besseren Schutz vor Sturmfluten in diesem Bereich erfüllte, aber durch veränderte Strömungsverhältnisse zur massiven Versandung des Flusses mit Folgen für die Entwässerung führte.

Neben der Bedeutung für den Küstenschutz und die Wasserwirtschaft hat sich das Eidersperrwerk mit seinen Restaurantbetrieben, der Anlegestelle für Krabbenkutter und Ausflugsschiffe und den großzügig angelegten Parkmöglichkeiten im Laufe der Jahre zu einem beliebten Ausflugsziel für Touristen von Husum bis Friedrichskoog entwickelt.

Das Eidersperrwerk heute.
Blick von Norden nach Süden in
Richtung Dithmarschen.
(Foto: ALW Heide)

Eidersperrwerk im Bau, 1971. (Foto: ALW Heide)

Die Technik des Sperrwerks, aber auch die umgebende Natur finden dabei besonders das Interesse der Urlauber. Ist es auf der Eiderstedter Seite das ehemalige Katinger Watt mit seinen Feuchtgebieten, dem 300 Hektar großen aufgeforsteten Laubwald, einem Aussichtsturm für Vogelbeobachtung und dem Naturzentrum des Naturschutzbundes Deutschland e. V. (NABU), so erstreckt sich auf Dithmarscher Seite als schmales Band das Naturschutzgebiet „Dithmarscher Eidervorland" mit Watt vom Sperrwerk bis zur Straßenbrücke bei Tönning. Das Gebiet vor dem Wesselburener Koog und dem Karolinenkoog wurde 1989 unter Schutz gestellt, ist als Vogelschutzgebiet Teil des europäischen Netzes „Natura 2000" und liegt mit seinen Wattflächen, Röhrichten, Salzwiesen und Feuchtgrünländern noch im Salz- und Brackwasserbereich der Nordsee. Küsten- und Wiesenvögel wie Lachmöwen, Säbelschnäbler und Kiebitze einerseits, aber auch Vogelarten des Brackwasserröhrichts wie Schilfrohrsänger, Rohrammer und Blaukehlchen ziehen hier ihre Bruten auf. Der kleine Hafen von Schülperneuensiel liegt in der Mitte des Naturschutzgebietes, wobei der zur Eider führende Hafenpriel über ein Schöpfwerk das aus dem Binnenland kommende Wasser aufnimmt. Der frühere Lastschiffsverkehr im kleinen Hafen – vor allem mit Getreide – gehört längst der Vergangenheit an; heute dient er als Liegeplatz für Sportboote.

Walter Denker und Matthias Reimers

DAS KREISHAUS DITHMARSCHEN
IN HEIDE
Das Symbol für die Kreisreform von 1970

Wenn man sich der Stadt Heide auf der Autobahn von Süden her nähert, ragt ein ungewöhnlich geformtes, weißes, höheres Gebäude aus der Silhouette der Stadt hervor. Die skandinavische Prägung dieses Gebäudes, von 1972 bis 1974 für 16,5 Mio. DM erbaut und seit dem 1. Juni 1974 Sitz der Kreisverwaltung Dithmarschen, ist unverkennbar. Anders als sonst üblich sprechen die Dithmarscher nicht von der „Kreisverwaltung", sondern von ihrem „Kreishaus".

Das mag mit der ungewöhnlichen Form zusammenhängen, die der finnische Architekt Into Pyykkö für das Gebäude gewählt hat, um dem ihm 1971 erteilten Auftrag gerecht zu werden, für die etwa 320, vor der Zusammenlegung auf 13 Gebäude an verschiedenen Standorten verteilten Mitarbeiterinnen und Mitarbeiter des neu gebildeten Kreises Dithmarschen, den Kreistag und seine Ausschüsse auf einem kleinen Grundstück von lediglich 2 ha ein optimales Verwaltungsgebäude zu entwerfen. Die Kreisform bildete dabei ein wesentliches Gestaltungselement.

Über einem quadratischen Sockelgeschoss erhebt sich, durch ein sogenanntes „Luftgeschoss" von dieser Basis abgesetzt, der achtgeschossige Verwaltungsbau. Jedes Stockwerk wird von vier nach außen gewandten, um einen zentral liegenden „Verkehrskern" angeordneten Viertelkreisen gebildet. In diesen befinden sich hinter den über 750 Fenstern die 250 Büroräume für die heute etwa 370 Mitarbeiterinnen und Mitarbeiter. Auch bei der Gestaltung des Sockelgeschosses griff der Architekt auf die Kreisform zurück. Der hier untergebrachte Sitzungssaal des Kreistages hat zwar einen rechteckigen Grundriss, aber durch das runde Oberlicht und die kreisförmige Sitzanordnung wird die beherrschende Form aufgegriffen. Das Gleiche gilt für die gleich große, benachbarte Cafeteria und für die ursprünglich den Eingang flankierenden Lichthöfe. Diese Vorgaben wurden bei der zwischen 2002 und 2006 durchgeführten Renovierung respektiert. Die ursprünglich oben offenen Lichthöfe wurden jedoch überdacht und werden jetzt als Veranstaltungs- und Ausstellungsräume genutzt. Die runde Form blieb aber erhalten.

Neben seiner Anmutung als modern gestaltetes und trotz seiner Größe leicht wirkendes Bauwerk ist das Kreishaus ein Symbol für die gelungene Kreisgebietsreform des Jahres

1970 in Schleswig-Holstein. Seit 1559 getrennt verwaltet, wurden Norder- und Süderdithmarschen jetzt zu einem Kreis zusammengelegt. Zur Bedeutung des neu errichteten Verwaltungsgebäudes stellte der damalige Kreispräsident Hermann Glüsing bei der Einweihung fest, nunmehr sei *„die Einheit des Kreises Dithmarschen jetzt auch nach außen hin wiederhergestellt"*.

Rationalisierung der Verwaltung und darauf basierend eine Überprüfung der Größe der Gebietskörperschaften war in den 1960er Jahren geradezu Mode. Fragen der Wirtschaftlichkeit, der Effektivität, der Vereinfachung von Verwaltungsabläufen und dergleichen beherrschten die Diskussionen der Fachwelt. In allen Flächenstaaten des Bundes wurden die Kreise und in Einzelfällen auch Gemeinden vergrößert. In Schleswig-Holstein gab es einen Probelauf durch den Zusammenschluss mehrerer Gemeinden zur Stadt Norderstedt nördlich von Hamburg. Nach zahlreichen Gutachten und einer umfangreichen, leidenschaftlich geführten Diskussion verabschiedete der Landtag dann am 23. Dezember 1969 das 2. Gesetz zur Neuordnung von Gemeinde- und Kreisgrenzen, das am 26. April 1970 in Kraft trat und die Zahl der schleswig-holsteinischen Kreise von 17 auf zunächst 12 verringerte.

Als gelungen kann man die Reform besonders in Dithmarschen deshalb bezeichnen, weil nicht nur die angestrebten sachlichen Ziele erreicht, sondern für die Menschen auch ein Kreis geschaffen wurde, mit dem sie sich identifizieren und zu Hause fühlen konnten: Die Konzentration der Verwaltung in einem Haus machte es leichter, durch die Weiterentwicklung der jeweils besten Lösungen der beiden zusammengelegten Kreise eine moderne Verwaltung zu schaffen. Das fortschrittliche Jugendamt des Kreises Süderdithmarschen und das gut entwickelte Krankenhauswesen des Kreises Norderdithmarschen sind dafür Beispiele. So fand der jahrelang jeden Fortschritt lähmende Streit um den Standort eines neuen Kreis-Krankenhauses im Kreis Süderdithmarschen mit der Gebietsreform praktisch sofort ein Ende. Die Verwaltung wurde in die Lage versetzt, Leistungen für die Bürger im Rahmen der sogenannten „Daseinsvorsorge" effektiver zu erfüllen und auch an großräumigen Entwicklungen, etwa des Wirtschaftsraums Brunsbüttel, mitgestaltend teilzunehmen. Ein mindestens ebenso wichtiger Erfolg der Reform war die Stärkung eines gemeinsamen Dithmarscher Bewusstseins. Die Bürgerinnen und Bürger fühlen sich als Dithmarscher und identifizieren sich mit dem Kreis. Dies zeigte sich angesichts jüngerer Bestrebungen für eine weitere Kreisgebietsreform in eindrucksvollen Demonstrationen.

Selbstverständlich war diese Entwicklung trotz kluger Entscheidungen der Politik nicht. Die Reform von 1970 legte zwar im Wesentlichen vorgefundene Kreise zusammen, die von Preußen nach der Einverleibung der Herzogtümer Schleswig und Holstein 1867 geschaffen worden waren, und machte so den Betroffenen Menschen die Orientierung leichter. Aber die damals geschaffenen Kreise hatten sich eigenständig entwickelt. Dies galt für die beiden Dithmarscher Kreise sogar trotz der Tatsache, dass der Name „Dithmarschen" beibehalten wurde und sie durch eine lange gemeinsame Geschichte verbunden waren.

Das Kreishaus in Heide. (Foto: Werner Siems)

Schon die preußische Verwaltung hatte sich bei der Einführung der Kreise zur Ablösung der bis dahin geradezu chaotischen Verwaltungsstrukturen im Lande so weit wie möglich auf vorhandene Strukturen gestützt. In Dithmarschen war dies verhältnismäßig einfach. Nach der Eroberung des Bauernfreistaates in der „Letzten Fehde" des Jahres 1559 durch König Friedrich von Dänemark und die beiden Herzöge, Johann und Adolf, wurde Dithmarschen zunächst dreigeteilt. Aber schon 1580 wurde die Mitte wiederum geteilt, als Herzog Johann ohne Erben starb. Die mit der Ausübung der Herrschaft betrauten Landvögte handelten im Nordteil im Namen des Herzogs, im Südteil im Namen des Königs. Im Laufe der Jahrhunderte bildeten sich zwischen beiden Teilen Unterschiede heraus. Das Bewusstsein, Dithmarscher zu sein, wurde wahrscheinlich hauptsächlich durch das gemeinsame Interesse wach gehalten, die vereinbarten Privilegien – darunter das Recht auf einen einheimischen Landvogt, Militär-, Zoll- und Gewerbefreiheit – gegen den Landesherren zu verteidigen. Diese Privilegien wurden durch Preußen mit der Einführung der Kreise abgeschafft. Kreise waren nach preußischem Verständnis Teil der Staatsverwaltung. Nach den Ideen des Freiherrn vom Stein stand ihnen zwar das Recht auf Selbstverwaltung zu, also örtliche Belange im Rahmen der Gesetze selbst zu regeln; aber Privilegien – Freistellung von staatlichen Regeln – gab es nicht mehr.

Aber auch die durch Preußen eingeführten gleichartigen Verwaltungsstrukturen beseitigten die Entfremdung nicht, die durch die Jahrhunderte lange Trennung Dithmarschens in Nord und Süd eingetreten war. Wie weit sie ging, zeigte sich drastisch, als beide Kreise im Zuge preußischer Reformen 1932 schon einmal mit Meldorf als Kreisstadt zusammengelegt wurden. Schon 1933 wurden die beiden Kreise wieder getrennt – wahrscheinlich aufgrund eines Wahlversprechens der Nazis. Es verwundert daher nicht, dass es auch im Vorfeld der Kreisreform 1970 in beiden Kreisen erheblichen Widerstand gegen eine Zusammenlegung gab, nicht nur in den politischen Gremien der Kreise und in den Kreisstädten Meldorf und Heide, die um ihren Status fürchteten, sondern auch in fast allen auf Kreisebene gebildeten sonstigen Organisationen, etwa den Handwerkerschaften, den Feuerwehren, den Jagdverbänden und sogar den Kirchen. Nachdem der Gesetzgeber jedoch seine Entscheidung getroffen hatte, beruhigten sich die aufgebrachten Gemüter überraschend schnell, und die Dithmarscher identifizierten sich bald mit ihrem neuen Kreis. „Endlich ist das Unrecht von 1559 aus der Welt", sagte ein Kreistagsabgeordneter nach der Reform. Er hatte recht!

Karl-Heinrich Buhse

DER SPEICHERKOOG
Die letzte große Deichbaumaßnahme in Dithmarschen

Als Reaktion auf die schwere Sturmflut des Jahres 1962 wurde in den Jahren 1973–1978 in der Meldorfer Bucht mit dem Bau eines neuen Deiches durch das Wattenmeer die nun im Binnenland liegende alte Deichlinie um 15 km verkürzt. Gleichzeitig erhielt der neue Seedeich ein anderes Profil und wurde erhöht.

Ein weiteres Ziel dieser letzten großen Deichbaumaßnahme vor der Küste Dithmarschens war – neben dem vorrangigen Schutz der Bevölkerung vor Sturmfluten – die Verbesserung der Situation in den durch Hochwasser gefährdeten Niederungen vor allem um die Dörfer Fiel und Windbergen herum. Man brauchte einen anderen Speicherraum, wenn bei Stürmen und anhaltenden Regenfällen die Schleuse am alten Meldorfer Hafen geschlossen werden musste und das aus dem Binnenland kommende Wasser der Auen und Bäche die Niederungen mit ihren landwirtschaftlich genutzten Flächen zwischen Marsch und Geest oft wochenlang überstaute. Dazu dienen nun die ehemaligen Außenpriele vor Barlt, Meldorf, Warwerort und Wöhrden, jetzt allesamt im neuen Koog gelegen, der seinen Namen nach dieser Speicherfunktion erhielt. Nicht im Vordergrund stand die Landgewinnung für eine landwirtschaftliche Nutzung, wie in vergangenen Jahrhunderten, gleich-

Der „Wattwurm" im Speicherkoog, Ausstellungshaus des Naturschutzbundes Deutschland e. V. und des Nationalparkamtes. (Foto: R. Stecher)

wohl wurden die eingedeichten, höher gelegenen ehemaligen Salzwiesen in Acker- und Grünland verwandelt und vor allem im Nordkoog auch intensiv genutzt. Der Süden des Speicherkooges, durch den Helmsander Damm vom Nordteil getrennt, steht als sogenannter „Bundeswehrkoog" mit seinen 1684 ha als Sperrgebiet für derzeit nur noch selten durchgeführte wehrtechnische Erprobungen dem Bund zur Verfügung. Hier konnte sich durch extensive Beweidung und Mahd des ausschließlich vorhandenen Grünlandes eine artenreiche Pflanzen- und Tierwelt einstellen.

Im nördlichen Speicherkoog finden sich heute auf den ehemaligen Watt- und Vorlandflächen der Meldorfer Bucht sehr unterschiedliche Nutzungen. Neben der bereits angesprochenen Land- und Wasserwirtschaft hat sich vor allem der Tourismus dort etabliert. Die Gemeinden Elpersbüttel und Nordermeldorf betreiben eigene Badestellen mit den am Seedeich errichteten Gebäuden und Parkplätzen. Der Mielespeicher hat sich zu einem beliebten Surfgebiet entwickelt, dem ein Wohnmobilstellplatz mit Restaurant angegliedert ist. Ein hinter der neuen Schleuse gelegener Hafen dient Sportbooten als Liegeplatz. Dort findet man neben einigen Gewerbebetrieben auch den Betriebshof des Landesamtes für Küstenschutz. Neueste Planungen des Tourismus sehen im Bereich der Badestelle Nordermeldorf ein Ferienhausgebiet vor.

Einfahrt zum neuen Meldorfer Hafen mit Mielespeicher. (Luftbild von D. Höfer)

Blick über das Salzwasserbiotop „Kronenloch" in Richtung Meldorf. (Foto: R. Stecher)

Gleichzeitig ist der gesamte Speicherkoog mit Ausnahme der Ackerflächen, des Hafengeländes und der Parkplätze als Vorranggebiet für den Naturschutz Teil des europäischen Schutzgebietsnetzes „Natura 2000". Zwei große Naturschutzgebiete, das Wöhrdener Loch im Norden und das Kronenloch im Süden des Nordkooges, sind auch als Ausgleich für die Vernichtung von geschütztem Watt und Salzwiesen durch die Eindeichung geschaffen worden. Dient das 523 ha große Naturschutzgebiet „Kronenloch" als Salzwasserbiotop vor allem der ungestörten Entwicklung von Pflanzen- und Tiergesellschaften bis hin zu einem neuen Wildnisgebiet, wird im Naturschutzgebiet „Wöhrdener Loch" (460 ha) durch Beweidung mit Konikpferden, Schafen und Rindern die Landschaft für Bodenbrüter, Gänse, Enten und Schwäne offen gehalten. Über die naturschutzfachliche Bedeutung des Speicherkooges informiert eine Ausstellung im Info-Zentrum des Nationalparkamtes, der „Wattwurm", das gemeinsam mit dem Naturschutzbund Deutschland e. V. (NABU) betrieben wird. Dort haben auch die ehrenamtlichen Gebietsbetreuer, die Führungen für naturkundlich Interessierte durch den Koog anbieten, ihren Sitz. Ergänzt wird diese Einrichtung durch ein Besucher-Informations-System mit einem Lehrpfad, Schautafeln, Beobachtungsplattformen und -hütten, die insbesondere von Ornithologen aus ganz Deutschland und darüber hinaus genutzt werden.

Walter Denker

MOORE, SEEN UND NIEDERUNGEN
Brennpunkte des Naturschutzes in Dithmarschen

Seit dem Reichsnaturschutzgesetz von 1935 können in Deutschland Gebiete, in denen – wie es nach dem heutigen Bundesnaturschutzgesetz heißt – ein besonderer Schutz von Natur und Landschaft in ihrer Ganzheit oder in einzelnen Teilen erforderlich ist, als Naturschutzgebiete (NSG) ausgewiesen werden.

Nachdem in Dithmarschen bereits zu Beginn des 20. Jahrhunderts die Vogelinsel Trischen und der Klevhang bei St. Michaelisdonn durch Pachtung oder Ankauf als Schutzgebiete gesichert wurden, folgten neben weiteren in chronologischer Reihenfolge die hier vorgestellten Naturschutzgebiete Kudensee, Dellstedter Birkwildmoor, Weißes Moor und seit kurzem auch die Lundener Niederung. Gemeinsam ist ihnen die vom Wasser geprägte Landschaft, was gleichermaßen für den gesamten Landkreis gilt.

- Das NSG „Kudensee und Umgebung"

Als letzter der nicht vollständig trockengelegten Marschseen, der im 18. Jh. noch eine Wasserfläche von rund 500 ha aufwies, konnte der Kudensee bereits 1938 als Vogelfreistätte mit ca. 80 ha unter Schutz gestellt und 1992 mit den umgebenden Feuchtwiesen auf 246 ha erweitert werden. Heute ist das NSG als Fauna-Flora-Habitat-Gebiet (FFH) und Europäisches Vogelschutz-Gebiet Teil des gesamteuropäischen „Natura 2000"-Netzes, das u. a. für selten gewordene Wasser-, Röhricht- und Wiesenvögel ein bedeutsames Refugium ist. Eine umfangreiche Entschlammung des Sees, wasserhaltende Maßnahmen durch Staueinrichtungen sowie die extensive Nutzung des Grünlandes sind neben dem Verbot von Jagd und Fischerei die wichtigsten Schutz- und Pflegemaßnahmen.

- Das NSG „Weißes Moor"

Ist der Kudensee der einzig noch verbliebene Marschsee Dithmarschens, so gilt das Weiße Moor als einzig noch erhaltenes Hochmoor in der Marsch Schleswig-Holsteins. Als das Moor 1979 mit einer Fläche von 55 ha unter Naturschutz gestellt wurde, war die ehemals umgebende Moorfläche (1643 noch ca. 245 ha) durch Torfabbau und Entwässerungsmaßnahmen bis auf einen Rest von 25 ha zerstört. Dieser Hochmoorkern liegt heute etwa 2 m über dem abgetorften Gelände und beherbergt neben den Torfmoosen Besen-, Rosmarin- und Glockenheide, Krähen-, Moos- und Rauschbeere sowie Wollgräser und die

Moorlilie. Eine Rarität ist der einzige bekannte Standort der Moltebeere im Lande, einer ansonsten in Skandinavien verbreiteten Brombeerart. Wasserhaltung durch Einbau von Stauvorrichtungen im Moorkern und eine Randverwallung um das gesamte Gebiet herum sind die Schutzmaßnahmen auch für dieses FFH-Gebiet.

- Das NSG „Dellstedter Birkwildmoor"

Obwohl das Birkhuhn als Namensgeber für dieses Schutzgebiet seit Jahren dort ausgestorben ist, hat dieses NSG, auch dank seiner Größe (620 ha), eine große Bedeutung für den Natur- und Klimaschutz im Lande. Die intensive Trockenlegung des Moores, um Heizmaterial und Grünland für die Landwirtschaft zu gewinnen, führte zur Verarmung der einst hochmoor-typischen Tier- und Pflanzenwelt (z. B. Birkhuhn, Brachvogel, Torfmoose, Moorlilie und Sonnentau), so dass bereits 1957 eine erste Schutzgebietsausweisung für das Nordermoor erfolgte, der 1961 das Ostermoor folgte. Abdämmung von Gräben, fla-

Das „Weiße Moor", eine der heute seltenen Hochmoorflächen. (Foto: R. Stecher)

che Verwallungen um die Moore herum und Aufnahme von Drainagen im Grünland leiten jetzt großflächig eine Regeneration ein, die einerseits moorbildende Torfmoose zum Wachstum anregt und andererseits verhindert, dass klimaschädliches Kohlendioxid weiter austritt.

- Das NSG „Lundener Niederung"

Mit einer Fläche von nahezu 1000 ha ist die Lundener Niederung, gleichzeitig FFH- und Europäisches Vogelschutz-Gebiet, nunmehr das jüngste und zusammen mit dem dortigen Landschaftsschutzgebiet auch das größte Naturschutzgebiet Dithmarschens. Es dient *„dem Schutz, der Erhaltung und der Entwicklung eines großräumigen, durch hohe Wasserstände geprägten, naturnahen Niederungsgebietes im ehemaligen Mündungsgebiet der Eider mit dem nährstoffreichen Mötjensee und dem ehemaligen Steller See, den teil-*

weise abgetorften und entwässerten Hoch- und Niedermooren, Röhrichten, Bruchwäldern sowie genutzten und ungenutzten wechselfeuchten Grünlandflächen als Lebens-, Brut- und Nahrungsraum …", wie es in der Verordnung von 2011 heißt. Eine Besonderheit in diesem Gebiet ist die Reetmahd der Schilfflächen von Mötjen- und Steller See, um Material für die landschaftstypischen Reetdachhäuser zu gewinnen. Die Wasserstände im ehemaligen Steller See sollen in einem Wiedervernässungsprojekt um bis zu 30 cm angehoben werden.

Walter Denker

Kraniche, inzwischen Brutvögel im Dellstedter Birkwildmoor. (Foto: R. Stecher)

DER NATIONALPARK SCHLESWIG-HOLSTEINISCHES WATTENMEER
Dithmarschens Anteil am Weltnaturerbe

Dithmarschen endet nicht am Deich. Wer drauf steht, sieht Meer. Wenn gerad' welches da ist. Ist keines da, blickt man auf den Meeresboden, der dann einige Stunden zugänglich ist. Eine Attraktion für urlaubende Wattläufer: Hunderte sind täglich im Watt vor Büsum, wo Blaskapellen gelegentlich den Ton angeben. Eine Attraktion aber auch für hungrige Watvögel: Aus ihren Brutgebieten in der sibirischen, grönländischen und kanadischen Arktis fliegen sie 4000 Kilometer an, teilweise nonstop. Ausgemergelt erreichen sie das Watt, aber ihr 40-stündiger Flug rechnet sich. In wenigen Tagen kommen sie zu Kräften und ziehen nach einigen Wochen weiter in ihre meist westafrikanischen Überwinterungsgebiete.

Oberflächig betrachtet scheint das Watt nichts als Schlick zu sein, in dem kaum Tiere leben. Das Gegenteil ist der Fall. Würmer, Muscheln und Schnecken bringen es auf über 10 Tonnen nasser, tierischer Biomasse je Hektar. Kein Urwald, kein Korallenriff bieten mehr. Diese Top-Öko-Attraktion macht das Watt zum vogelreichsten Gebiet Europas, das 10 Millionen Zugvögel und eine Million Brutvögel nutzen.

Wildnis in Dithmarschen. Das Leitziel aller Nationalparks wird hier anschaulich: Natur Natur sein lassen.
(Foto: Martin Stock/LKN-SH).

*Das Wattenmeer ist hochdyna-
misch: Trischen wandert jährlich
etwa 30 Meter nach Osten – die
Hütte des Vogelwartes steht nach
einigen Jahren nicht mehr in der
Inselmitte, sondern in der
Brandung.
(Foto: Martin Stock/LKN-SH).*

Dithmarschen ist eine ornithologische Premiumadresse im dänisch-deutsch-niederländi-
schen Wattenmeer: Fast alle europäischen Brandgänse, rund 150 000 Vögel, mausern im
August in entlegenen Wattbereichen, 80 000 Alpenstrandläufer und 10 000 Sichelstrand-
läufer rasten im Frühjahr und Herbst auf den ausgedehnten Salzwiesen. Auf der Insel Trischen brüten große Seevogelkolonien und im Vorland bei Neufeld die letzten Paare der
äußerst seltenen Lachseeschwalben in Mitteleuropa.

Das Wattenmeer gilt als Deutschlands wertvollste Naturlandschaft. Mit dem 1985 in
Schleswig-Holstein eingerichteten Nationalpark (Niedersachsen und Hamburg folgten
1986 und 1990) ist das Wattenmeer gut geschützt. Natur und Mensch profitieren. Früher
von Schafen zu kurz gehaltene Salzwiesen wachsen auf einem Drittel ihrer Fläche wieder
natürlich. Hunderte seltener Kleintiere, Insekten und Spinnen, profitieren von diesen neu-
en, grünen Lebensräumen. Die Jagd auf Wasservögel wurde eingestellt, Waffenerprobun-
gen in der Meldorfer Bucht finden kaum noch statt, und auch Flugzeuge verursachen in
600 Metern Höhe kaum noch Störungen. Nationalpark-Vereinbarungen mit Fischern,
Wassersportlern und Gemeinden ergänzen das Nationalparkgesetz und bilden ein Meis-
terwerk des Interessenausgleichs.

Jährlich erleben eine Million Urlauber den Nationalpark, bei Wattführungen, Vorträgen
oder Besuchen naturkundlicher Informationszentren. Naturschutzverbände, Nationalpark-
Wattführer und -Ranger sind kompetente persönliche Betreuer. Nationalpark-Partner,
über hundert touristische Betriebe, die besonders informiert, zertifiziert und engagiert
sind, kommen hinzu.

Schleswig-Holsteins Nationalpark ist der größte zwischen dem Nordkap und Sizilien. Die
hohe Naturschutz-Qualität spiegelt sich in einer Reihe internationaler Auszeichnungen,
die in Europa wohl einzigartig ist. Der Nationalpark ist FFH- und Vogelschutzgebiet der
Europäischen Union, Biosphärenreservat der UNESCO, PSSA-Schutzgebiet der Internatio-

*Sandklaffmuscheln und
Minidünen gibt es so schön nur
auf Trischen.
(Foto: Martin Stock/LKN-SH).*

nalen Meeresorganisation und Feuchtgebiet internationaler Bedeutung nach dem Ram-sar-Abkommen. 2009 wurde das deutsch-niederländische Wattenmeer zudem von der UNESCO zum Weltnaturerbe der Menschheit erklärt, was dem Nobelpreis des Naturschut-zes gleichkommt.

Blickt man vom Deich ins Watt, so freut man sich, wie die Dithmarscher heute ihren Natio-nalpark sehen. Demonstrationen von Fischern, wie vor der Novellierung des Nationalpark-gesetzes im Jahr 1999, sind Geschichte: 2010 erklärten 44 Prozent der Dithmarscher, ih-nen sei der Nationalpark wichtig, weitere 42 Prozent waren gar stolz auf den National-park. Das wärmt das Herz, auch wenn es auf dem Deich mal kalt und windig ist.

Informationen zum Nationalpark Schleswig-Holsteinisches Wattenmeer:
www.nationalpark-wattenmeer.de/sh

Hendrik Brunckhorst

DIE SEEHUNDSTATION IN FRIEDRICHSKOOG
Information, Aufzucht und Forschung

Bereits in den 1950er Jahren wurden „Heuler" – darunter versteht man junge Seehunde, die während der Säugezeit dauerhaft von der Mutter getrennt wurden – in Schleswig-Holstein von Seehundjägern aufgezogen.

Als die Zahl der verlassen aufgefundenen Tiere stieg, wurde 1969 eine zentrale Aufnahmestelle für Heuler in Büsum eingerichtet. Zur Unterstützung dieser Station gründeten der Landesjagdverband Schleswig-Holstein und die Gemeinde Friedrichskoog 1985 die Seehundaufzucht- und Forschungsstation Friedrichskoog. Der Seehundjäger Polli Rohwedder leitete die Station, deren Aufzuchtbecken nach seinen Vorstellungen möglichst naturnah gestaltet wurden. Hierzu gehörten zum Beispiel die Aufzucht unter freiem Himmel, frisches Seewasser in den Becken und Sandliegeflächen zum Ruhen für die Jungtiere. Die Forschungsstelle Wildbiologie der Universität Kiel und der Landesjagdverband betreuten die Station hierbei fachlich. Eine kleine Ausstellung informierte die Besucher über das Wattenmeer und seine Bewohner, nicht nur über Seehunde.

Das Seehundsterben 1988, ausgelöst durch ein Staupevirus, veränderte die Situation dramatisch. Die Bilder sind vielen Menschen bis heute im Gedächtnis. Die Bevölkerung nahm Anteil, und das Interesse am Schutz der Meeressäuger wuchs immens.

Heuler im Aufzuchtbecken.
(Foto: Seehundstation
Friedrichskoog)

Mit Spendengeldern der Aktion „Rettet die Robben", Mitteln des Bundes und des Landes sollten zunächst die bestehenden Einrichtungen erneuert werden. Später fiel die Entschei-dung, nur eine Station aus- und umzubauen. Auf Initiative der Gründer konnte die Station in Friedrichskoog 1991 mit fachlicher Unterstützung des Nationalparkamtes, der For-schungsstelle Wildbiologie der Universität Kiel, des Bundesumweltministeriums und des Bundesamtes für Naturschutz nach neuesten wissenschaftlichen Erkenntnissen erweitert werden. Seit 1992 wird die Station als gemeinnützig anerkannter, eingetragener Verein mit dem Namen Seehundstation Friedrichskoog e.V. – Information, Aufzucht, Forschung – betrieben. Die Station setzte damit neue Maßstäbe in der naturnahen Dauerhaltung und Aufzucht von Seehunden.

Die Neukonzeption der Informations- und Bildungsarbeit, die heute einen der Schwerpunkte der Arbeit darstellt, erfolgte im Rahmen eines Erprobungs- und Entwicklungsvorhabens des Bundesamtes für Naturschutz in den Jahren 1992–1996. Im Jahr 1994 wurde das neu konzipierte und gestaltete Informationszentrum „Seehund" eröffnet. Hier erfährt der Besucher Wissenswertes über heimische Robben und Wale. Es wird bis heute ständig aktualisiert und ist speziell auf die Bedürfnisse von Kindern und Jugendlichen zugeschnitten. Die Station bietet ein umfangreiches Informations- und Umweltbildungsprogramm für alle Altersgruppen. Das richtige Verhalten gegenüber den heimischen Robbenarten Seehund und Kegelrobbe steht hierbei im Vordergrund.

Eine Gruppe ausgewachsener Seehunde, und seit 2006 auch Kegelrobben, wird dauerhaft in der Station gehalten. Sie können ständig im und unter Wasser sowie an Land beobachtet werden. Durch die Begegnung mit dem Seehund, der Leittierart des Wattenmeeres, soll das Verständnis für die Biologie, Lebensweise und Schutzmöglichkeiten geweckt und Zusammenhänge z.B. in der Nahrungskette verdeutlicht werden. Mit diesen Tieren wird auch im Rahmen verschiedener Forschungsprojekte gearbeitet, so dass sie sowohl der Information als auch der Forschung dienen.

Die Seehundstation Friedrichskoog e.V. ist gemäß internationalem Seehundabkommen die einzig autorisierte Aufnahmestelle für verlassen, erkrankt oder geschwächt aufgefundene Robben in Schleswig-Holstein. Die Robben werden möglichst naturnah aufgezogen bzw. rehabilitiert. Hierzu gehören auch heute die Haltung in Meerwasser, die Haltung in Gruppen sowie die Vermeidung von unnötigem Kontakt zu Menschen. Für die Besucher ist der Aufzuchtbereich daher nicht zugänglich. Die Jungtiere können jedoch über Videokameras, von den Fenstern der Ausstellung störungsfrei und vom Aussichtturm beobachtet werden.

Die Seehundstation Friedrichskoog e.V., deren Betrieb sich seit dem Ende der Projekte 1996 rein aus Eintritts- und Spendengeldern finanziert, wurde in den folgenden Jahren kontinuierlich weiter ausgebaut. Hierzu gehören z.B. die Umgestaltung des Eingangsbereiches 1999, die Aufstellung der ehemaligen Rettungsbake der Insel Trischen als Aussichtsturm 2001, der Ausbau der Quarantänebecken 2002 sowie der Bau eines zweiten Robbenbeckens in Verbindung mit einem großen Unterwasserbereich 2006/2007 oder die Eröffnung der Erlebnisausstellung „Robben der Welt" im Jahr 2010 zum 25-jährigen Bestehen der Seehundstation Friedrichskoog.

Tanja Rosenberger

ENERGIELAND DITHMARSCHEN
Der Beitrag Dithmarschens für die Versorgungssicherheit der Zukunft

Bis zum Ölpreisschock 1973 entstanden auch in Dithmarschen Kraftwerke auf der Basis von Kohle, Gas und Kernenergie. Das Kernkraftwerk Brunsbüttel als Siedewasserreaktor mit 771 MW wurde in dieser Zeit von der HEW in Hamburg (heute Vattenfall) und PreußenElektra aus Hannover (heute E.ON) gebaut, 1976 in Betrieb genommen und 2011 endgültig abgeschaltet. Dieses Kraftwerk zeichnete sich im Betrieb als besonders anfällig aus und hatte lange Stillstandszeiten.

Die Bundesregierung beschloss 1973 den Bau von Windenergieanlagen zur Stromerzeugung. Mit der Planung der „Großen Windenergieanlage" (GROWIAN) wurde die DLR in Stuttgart beauftragt, die Ausführung der Anlage erfolgte von der MAN Neue Technologie in München, die GROWIAN GmbH (HEW, Schleswag, RWE) übernahm den Betrieb. Die Machbarkeit einer 3-MW-Anlage mit 100 m Höhe und Durchmesser wurde 1978 festgestellt und der Bau anschließend begonnen. Die Suche eines Standortes an der Küste erfolgte in dieser Zeit. Nach vielen Gesprächen fand sich Hinrich Kruse als Landeigentümer und Bürgermeister in Kaiser-Wilhelm-Koog bereit, sein Land für diese Testanlage zu ver-

Besuch des Bundespräsidenten Dr. Roman Herzog bei WINDTEST im Kaiser-Wilhelm-Koog am 23. 3. 1995 vor der WKA 60 mit Ministerpräsidentin Heide Simonis, Landrat Hans Jakob Thiessen, Heinz Klinger, Heinz Peter Schierenbeck (Vorstand Schleswag), Energieminister Claus Möller, Roman Herzog und dem Geschäftsführer der WINDTEST Bernhard Richter.
(Foto: Germanischer Lloyd, Hamburg)

GROWIAN am 22. 10. 1982,
4 Tage nach dem Richtfest mit
einem der zwei 180 m hohen
Windmessmasten. Foto: Bernhard
Richter, Hamburg.

pachten. Der Spatenstich erfolgte am 14. 1. 1981, das Richtfest fand am 18. 10. 1982 und die Einweihung am 17. 10. 1983 statt. Mit dem GROWIAN hat eine Ingenieurgeneration die notwendigen Kenntnisse über die Windenergie erlangt, die unbekannt waren. Beispiele sind Böen und Windgeschwindigkeiten, Blattzahl 3, nicht 2, keine Pendelnabe, Luv-Läufer, Turm nicht abgespannt sowie die fehlenden Informationen hinsichtlich Maschinenbau und Elektrotechnik. Noch vor der Inbetriebnahme begannen die Forschungen für Windenergieanlagen der kommenden Generationen, da bereits Fehler erkennbar wurden. Die Akzeptanz in der Bevölkerung war vorhanden, und so errichtete der Germanische Lloyd (GL) dort 1984 das erste Testfeld für Windenergieanlagen in Deutschland. Drei Jahre später baute die Windenergiepark Westküste GmbH (WEW) den ersten deutschen Windpark mit kleinen Anlagen. Aufgrund der vorhandenen Infrastruktur wurde 1989 vom Land, dem Kreis, der Gemeinde, der Schleswag und dem GL die WINDTEST KWK GmbH

Heutige Landschaft mit Windrädern. (Foto: W. Siems)

gegründet, ein Ingenieurunternehmen zum Test und zur Messung von Windenergieanlagen sowie der Planung und Beratung. Heute ist das ein weltweit tätiges Unternehmen des GL mit über 100 qualifizierten Mitarbeitern. Auch die WEW hat sich als profitables Unternehmen dort etabliert. Der Kaiser-Wilhelm-Koog hat zur Entwicklung der Windenergie entscheidende Impulse geliefert, er ist der Geburtsort der deutschen Windenergie und gekrönt durch den Besuch des Bundespräsidenten 1995.

In Dithmarschen wurden von engagierten Bürgern Bürgerwindparks gebaut und Finanzierungsmöglichkeiten erschlossen sowie viele neue Windenergieanlagen getestet. Aber nicht nur die Windenergie wurde verfolgt, in St. Michaelisdonn entstand 1996 die erste große Biogasanlage in Norddeutschland neben einer kleineren Windenergieanlage. Von dieser Anlage ausgehend, wurden in Deutschland Biogasanlagen gebaut, die auch zum Ausgleich der windabhängigen Stromeinspeisung durch Windenergieanlagen dienen können.

Bernhard Richter

„ERINNERUNGSORTE" IN DITHMARSCHEN
Ein Nachwort

Jeder Mensch kennt Orte bzw. Traditionen, die für ihn selbst in seinem Leben eine große Bedeutung gehabt haben. Die Ereignisse oder Empfindungen, die man mit diesen Plätzen oder Erlebnissen in Verbindung bringt, können angenehm sein oder auch nicht. So besucht man immer wieder gerne diese Stätten oder führt bewusst Traditionen fort, andererseits lassen einen die Erinnerungen möglicherweise auch diese Plätze meiden oder führen zur klaren Ablehnung von überlieferten Verhaltensweisen.

Bei den „historischen Erinnerungsorten" handelt es sich nun um konkrete geographische Plätze, an welchen sich das kollektive Gedächtnis einer sozial oder regional definierten Gruppe vor dem Hintergrund bestimmter Ereignisse der Vergangenheit ausprägt und wo auch in der Gegenwart noch (oder wieder) Spuren dieser bzw. Erinnerungen an diese Ereignisse zu erkennen sind. Das Konzept des „kollektiven Gedächtnisses" wurden von dem französischen Philosophen und Soziologen Maurice Halbwachs (gest. 1945) entwickelt, der diesen Begriff seit den 1920er Jahren nutzte. Das gemeinsame (= kollektive), mündlich, schriftlich und/oder institutionell tradierte Gedächtnis wird von Halbwachs als gruppenspezifische Erinnerungsleistung verstanden, an welcher sich in Blick auf die kulturelle Vergangenheit die gegenwärtigen sozialen und kulturellen Verhältnisse durch gemeinsam überliefertes Wissen und Verhaltensweisen erklären lassen.

Der Begriff „Erinnerungsort" geht auf den französischen Historiker Pierre Nora (geb. 1931 in Paris) zurück, der unter diesem Begriff aber auch andere Formen der Erinnerung wie z. B. mythische Gestalten, Ereignisse, Institutionen, Bücher, Kunstwerke o. a. m. versteht. Alle diese Orte besitzen laut Nora eine besondere aufgeladene und symbolische Bedeutung, die für die jeweilige Gruppe eine identitätsstiftende Funktion haben kann. Die Arbeiten von Nora, die sich vor allem auf die französische Nation beziehen, haben zuerst auf nationaler Ebene auch in anderen europäischen Ländern die historische Wissenschaft zu ähnlichen Veröffentlichungen angeregt. In Deutschland wurde z. B. 2001 das Buch „Deutsche Erinnerungsorte" in drei Bänden von den Historikern Etienne Francois und Hagen Schulze vorgelegt. Jüngere Publikationen behandeln dabei auch Regionen und Gebiete unterhalb der nationalen Ebene, wie sie für das Bundesland Schleswig-Holstein mit den

Büchern von Frank Trende „Historische Orte erzählen Schleswig-Holsteins Geschichte" aus dem Jahre 2004 oder von Carsten Fleischhauer und Guntram Turkowski „Schleswig-Holsteinische Erinnerungsorte" von 2006 vorliegen. Seit kurzem gibt es auch für kleinere, klar abgrenzbare Regionen wie z. B. für den Kreis Nordfriesland (Kunz, 2009) und die deutsch-dänische Grenzregion (Adriansen u. Schartl, 2006) entsprechende Abhandlungen.

Die als wichtiger Aspekt hinter dem Konzept der „Erinnerungsorte" stehende moderne Suche nach Identität bzw. nach identitätsstiftenden Traditionen, Gegenständen oder Orten spielt in der Soziologie und in der jüngeren Geschichtswissenschaft ebenfalls eine große Rolle. „Identität" eines Individuums oder einer Gruppe wird hier häufig als Kombination der Merkmale verstanden, die einen selbst (als „ich" bzw. als „wir") von anderen unterscheiden lässt und eine möglichst eindeutige (Eigen-)Identifizierung gewährleistet. Dies kann dem einzelnen durch die Zugehörigkeit zu einer klar definierten Gruppe oder auch zu einer geographisch klar umgrenzten Region (wie sie mit dem Konzept der „Historischen Kulturlandschaften" und ihrer landschaftsprägenden Elemente in der jüngeren geographisch-landeskundlichen Forschung erfasst werden) subjektiv empfundene Herkunft und Sicherheit geben – auch wenn dies in Blick auf objektiv erfassbare Merkmale vielfach nicht einer realitätsnahen Wahrnehmung entspricht. Hier waren in der Vergangenheit und sind in der Gegenwart häufig auch tiefe psychosoziale Empfindungen und unreflektiertes Wunschdenken im Spiel.

Die Flensburger Historikerin Bea Lundt schreibt in der Einleitung zu Ihrem 2004 herausgegebenen Buch „Nordlichter" über die Geschichtswahrnehmung in Schleswig-Holstein folgendes: *„Erinnerungsorte sind jene Punkte, an denen die Menschen in der Region aufeinandertreffen, die sich mit Deutung und Verständnis von Historie beschäftigen, als interessierte und wache Bürger und Bürgerinnen oder als theoretisch-professionell arbeitende Historikerinnen und Historiker; es sind Treffpunkte, an denen Theorie und Praxis der Geschichtserfahrung, das Machen und Werden von Geschichtsbildern sich überschneiden"*.

Kurz gesagt können also Erinnerungsorte als Kristallisationspunkte historisch bedingter Identität für verschiedene Gruppen dienen. Umgekehrt könnte man aber auch formulieren, dass sich das zunehmende Identitätsbedürfnis der Gegenwart seinen eigenen, notwendigen Raum mit den Erinnerungsorten selber schafft.

Vor diesem Hintergrund ist auch die vorliegende kurze Beschreibung einer Auswahl von historischen Erinnerungsorten in Dithmarschen zu verstehen, die keine historische Abhandlung ersetzen kann, sondern die Geschichte unserer Region unter einem besonderen, unserer Meinung nach besonders interessantem Aspekt behandelt. Als Einstieg in eine tiefergehende Beschäftigung mit der Geschichte Dithmarschens sei auf die am Ende des Bandes aufgeführte Literatur verwiesen.

Rüdiger Kelm

DIE AUTORINNEN UND AUTOREN

Dr. Volker Arnold, geb. 1947, Archäologe und ehemaliger Museumsleiter in Heide und Albersdorf, setzt sich seit 2002 verstärkt für die archäologische, archäobotanische und naturkundliche Erforschung des Riesewohldes und dessen Schutz ein.

Dieter Braune, geb. 1937, Lehre in der Pelzwirtschaft, Industriekaufmann. 1961–1990 Berufssoldat in verschiedenen Verwendungen in NATO Stäben. 1992 ehrenamtlicher Mitarbeiter im Amtsarchiv Büsum. Ab November 1997 Leiter Amtsarchiv Büsum, heute Amtsarchiv Büsum-Wesselburen.

Dieter Brumm, geb. 1955, ist Redakteur beim Schleswig-Holsteinischen Zeitungsverlag in Flensburg und Autor von Regionalbüchern wie das „Kleine Abc des Nord-Ostsee-Kanals". Der Dithmarscher schreibt mit Vorliebe über Themen der schleswig-holsteinischen Westküste.

Hendrik Brunckhorst ist Hamburger. Nach seiner Schulzeit machte er Zivildienst in verschiedenen Vogelschutzgebieten der West- und Ostküste Schleswig-Holsteins. Das Biologiestudium in Hamburg und Göttingen mündete in einer Diplomarbeit über den Meldorfer Speicherkoog und später in einer Doktorarbeit über die Pfeifente. Seit 1986 arbeitet er in der Nationalparkverwaltung in Tönning und ist seit der Einrichtung des Landesbetriebes für Küstenschutz, Nationalpark und Meeresschutz Schleswig-Holstein dessen Sprecher.

Karl-Heinrich Buhse, geb. 3.10.1932, Landrat a. D., 1953–1957 Studium Rechtswissenschaft und Volkswirtschaft. 1957–1961 wiss. Assistent an der Uni Kiel und Vorbereitungsdienst. 1962 Kreisverwaltung Süderdithmarschen, ab 1967 Landrat. 1970–1986 Landrat des Kreises Dithmarschen. 1986–1996 Vorstand der Schleswag AG.

Walter Denker, Jahrgang 1946, Konrektor i. R.
Naturschutzbeauftragter des Kreises Dithmarschen seit 1990, Vertreter des Naturschutzes in mehreren Beiräten, Stiftungen und anderen Gremien auf Landes- und Kreisebene. Zahlreiche Veröffentlichungen zu natur- und landeskundlichen Themen in Fachzeitschriften und Büchern.

Dipl.-Ing. Hinrich Dürkop, in Tönning 1940 geboren, Studium der Elektrotechnik in Kiel, seit 1974 überwiegend eingesetzt als amtl. anerkannter Sachverständiger im TÜV-Nord in Anlagen der Mineralölindustrie und im Gewässerschutz, insbesondere ab 1980 in Mineralölanlagen an der Westküste Schleswig-Holsteins bis 2002. Veröffentlichungen über

Dithmarscher Erdölanlagen in Zeitschrift „Dithmarschen" ab 1988. Schwerpunkte zum Erdölbetrieb und Zeitzeugenaussagen während des Zweiten Weltkrieges.

Martin Gietzelt
1963 in Wesselburen geboren. Studium der Geschichte und Politische Wissenschaft an der Universität Hannover. Abschluß Magister Artium. Leiter des Vereins Volkshochschulen in Dithmarschen. Verschiedene Veröffentlichungen zur Geschichte von Nationalsozialismus und Flüchlingszeit in Dithmarschen.

Dipl.-Prähist. Dr. Rüdiger Kelm
1968 in Bremerhaven geboren. Studium der Ur- und Frühgeschichte, Geographie, Botanik, Öffentliches Recht und Pädagogik in Kiel, Freiburg, Bremen und Lund/Schweden. Promotion an der Universität Kiel im Fach „Physische Geographie" mit der Dissertation „Die frühe Kulturlandschaft der Region Albersdorf – Grundlagen, Erfassung und Vermittlung der urgeschichtlichen Mensch-Umwelt-Beziehungen in einer Geestlandschaft". Geschäftsführer des Archäologisch-Ökologischen Zentrums Albersdorf und Direktor des Museums für Archäologie und Ökologie Dithmarschen in Albersdorf (AÖZA gGmbH). Lehrauftrag am Institut für Ur- und Frühgeschichte der Universität Kiel. Publikationen zur Archäologie und Umweltgeschichte Norddeutschlands.

Dr. Thorsten Lemm, 1976 in Pinneberg geboren. 1998–2001 kaufmännische Ausbildung in Hamburg. 2001–2006 Studium der Ur- und Frühgeschichte, Nordischen Philologie und Geographie an der Universität Kiel. Magisterarbeit mit dem Thema "Maskendarstellungen der Wikingerzeit". 2005/2006 Auswahl archäologischer Denkmale für Wikinger-Friesen-Weg. Entwurf von Texten zur Beschilderung der Denkmale. 2007 Dozent am Institut für Ur- und Frühgeschichte der Universität Kiel. 2007–2008 Ausgrabungsleiter am Archäologischen Landesamt Schleswig-Holstein und am Museum Haderslev, Dänemark. 2008–2011 Promotion am Zentrum für Baltische und Skanidinavische Archäologie in der Stiftung Schleswig-Holsteinische Landesmuseen Schloss Gottorf mit dem Thema "Die frühmittelalterlichen Ringwälle im westlichen und mittleren Holstein". Seit Januar 2012 Wissenschaftler am Archäologischen Landesmuseum Schloss Gottorf, Schleswig.

Hans-Peter Maume, 1938 in Wernigerode/Harz geboren, studierte Germanistik und Geschichte in Göttingen und Kiel. Nach dem Staatsexamen Lehrtätigkeit an den beiden Gymnasien in Heide bis zur Pensionierung 2000. Anschließend Studium von Volkswirtschaft und mittelalterlicher Wirtschafts- und Sozialgeschichte an der Universität Kiel. Die Arbeit an der Chronik der Gemeinden Arkebek, Immenstedt, Offenbüttel und Wennbüttel führte zur Beschäftigung mit der Dithmarscher Geschichte. Zur Zeit arbeitet er an einer Dissertation zum Thema Dorfordnungen in Spätmittelalter und Früher Neuzeit.

Rüdiger Möller, geboren am 24.11.1967 in Wesselburen. Studium an der Universität Kiel (Mittlere und Neuere Geschichte, Alte Geschichte, Volkskunde). Magister Artium 1998. Hebbel-Stipendium der Stadt Wesselburen 1999–2003. Tätigkeit als Dozent, verschiedene Veröffentlichungen auf dem Gebiet der schleswig-holsteinischen Landesgeschichte. Mitarbeiter des Vereins Volkshochschulen in Dithmarschen im Bereich Schulsozialarbeit. Laufendes Dissertationsprojekt. Wohnhaft in Nordermeldorf.

Dr. Jutta Müller, geboren 1958 in Bremen, Studium der Kunstgeschichte, Volkskunde und Erziehungswissenschaft (Promotion). 1988–90 Volontärin am Museumsberg Flensburg, seit 1990 wissenschaftliche Mitarbeiterin der Meldorfer Museen, 2009 Übernahme der Museumsleitung.

Bernd Rachuth, Jahrgang 1955, ist seit 1985 Leiter des Boyens Buchverlags. Neben der reichen publizistischen Arbeit für die Autoren des Verlags reizt es ihn, gelegentlich auch selbst zur Feder zu greifen und eigene Kenntnisse zu vermitteln.

Matthias Reimers, geb. am 25.1.1971 in Wesselburen, wohnhaft in Meldorf. 1991–1997 Studium an der Technischen Universität Hannover mit Abschluss zum Diplom-Ingenieur. Tätigkeiten in verschiedenen Ingenieurbüros. Seit 2005 Geschäftsführer des Deich- und Hauptsielverbandes Dithmarschen.

Dr.-Ing. Bernhard Richter, geb. 1943, Studium Metallkunde TU Clausthal bis 1969, Promotion 1974, bis 1977 Fraunhofer-Gesellschaft Bremen, 1977–2005 Germanischer Lloyd in diversen Tätigkeitsbereichen, zuletzt Direktor und Geschäftsführer der Industriegruppe des GL, Aufbau der Windenergiegruppe des GL als Leiter seit 1977 und Gründung der WINDTEST Kaiser-Wilhelm-Koog GmbH 1989, ehrenamtliche Tätigkeiten in Verbänden seit 1973 bis heute.

Tanja Rosenberger, Leiterin der Seehundstation in Friedrichskoog.

Dr. Sandra Scherreiks, Volkskundlerin in Kiel. Leitete die Herausgabe und Redaktion der „Mühlengeschichte Dithmarschens".

Anke Schroeder, 1962 in Hamburg geboren. Studium der Vor- und Frühgeschichte an der Universität Hamburg von 1981–1988 mit dem Abschluss Magister Artium. Seitdem in Dithmarschen als Archäologin und in verschiedenen Projekten mit vielfältigen landeskundlichen Themen beschäftigt. Nach längerer Familienpause seit 2011 für das Archäologische Landesamt Schleswig-Holstein als Projektmitarbeiterin bei archäologischen Baubegleitungen tätig.

Dr. Dietrich Stein, geb. 1948, aufgewachsen in Flensburg und Kiel. Studium an den Universitäten Kiel, Heidelberg, Wien, München, Thessaloniki: Theologie, Kunstgeschichte, Byzantinistik. Pastor in den Kirchengemeinden Barlt (mit Seelsorgeauftrag auch für Busenwurth) und Windbergen-Gudendorf im Kirchenkreis Dithmarschen. Mitglied u. a. im Verein für Dithmarscher Landeskunde. Neben schriftstellerischer Tätigkeit engagiert in der Gedenkstättenarbeit und in der Deutschen St. Jakobus-Gesellschaft.

Kai Tange, geb. 1961, Studium der Rechtswissenschaften in Passau, I. und II. Staatsexamen, Rechtsanwalt in Heide und Brunsbüttel, zugelassen seit 1996; vor der Anwaltstätigkeit Ausbildung zum Zeitungsredakteur; Lokalchef und Chrefredakteur verschiedener Tageszeitungen in Schleswig-Holstein.

Christiane Thomsen, geb. 1967, studierte Neue Geschichte, Politikwissenschaft und Volkskunde. Sie lebt und arbeitet in Friedrichstadt und ist verantwortlich für das Stadtarchiv, das Museum „Alte Münze" und die Kultur- und Gedenkstätte Ehemalige Synagoge.

Frank Trende, geb. 1963, Ministerialrat. Studium an der Niedersächsischen Fachhochschule für Verwaltung und Rechtspflege. Autor zahlreicher Beiträge und Bücher zur Landeskunde und regionalen Kulturgeschichte, ein „ausgewiesener Kenner der Geschichte Schleswig-Holsteins" (Frankfurter Allgemeine Zeitung). Der Autor wuchs im Dieksanderkoog auf und beschäftigt sich seit Jahren mit der Geschichte seines Heimatorts, die auf besondere Weise mit der schleswig-holsteinischen und deutschen Geschichte verbunden ist.

Arne Voß, 1979 in Bad Segeberg geboren, studierte an der Universität Kiel Mittlere und Neuere Geschichte sowie Alte Geschichte und Politische Wissenschaften. Seit 2011 als wissenschaftlicher Volontär im Dithmarscher Landesmuseum in Meldorf beschäftigt.

ALLGEMEINE LITERATUR

I. Adriansen u. M. Schartl, Erindringsteder nord og syd for graensen/Erinnerungsorte nördlich und südlich der Grenze. Sønderborg/Schleswig, 2006.

A. Erll, Kollektives Gedächtnis und Erinnerungskulturen. Eine Einführung. Stuttgart/Weimar, 2005.

C. Fleischhauer u. G. Turkowski, Schleswig-Holsteinische Erinnerungsorte. Heide, 2006.

E. Francois u. H. Schulze, Erinnerungsorte Deutschlands. Bd. 1–3. München, 2001.

M. Gietzelt (Red.), Geschichte Dithmarschens. Heide, 2000.

M. Halbwachs, Das kollektive Gedächtnis. Frankfurt/M., 1985.

H. Kunz, Erinnerungsorte in Nordfriesland. Bredstedt, 2009.

U. Lange (Hrsg.), Geschichte Schleswig-Holsteins. Von den Anfängen bis zur Gegenwart. Neumünster, 1996.

B. Lundt (Hrsg.), Nordlichter – Geschichtsbewußtsein und Geschichtsmythen nördlich der Elbe. Köln/Weimar/Wien 2004.

N. R. Nissen, Kleine Geschichte Dithmarschens. Heide, 1995.

P. Nora, Zwischen Geschichte und Gedächtnis. Frankfurt/M., 1998.

P. Nora u. E. Francois, Erinnerungsorte Frankreichs. München, 2005.

S. Reiss, V. Arnold, H.-R. Bork, R. Kelm u. D. Meier, Landschaftsgeschichte Dithmarschens. Kiel, 2006.

Schleswig-Holsteinischer Heimatbund (Hrsg.), Historische Kulturlandschaften in Schleswig-Holstein. Neumünster, 2000.

Schleswig-Holsteinischer Heimatbund (Hrsg.), Dithmarschen. Schleswig-Holstein Spezial. Kiel, 2005.

K. Schlögel, Im Raume lesen wir die Zeit. Über Zivilisationsgeschichte und Geopolitik. München/Wien 2003.

F. Trende, Historische Orte erzählen Schleswig-Holsteins Geschichte. Heide, 2004.

LITERATUR ZU DEN ERINNERUNGSORTEN

Ur- und Frühgeschichte

zu „Der Klev bei Kuden und Kleve"
V. Arnold, Die vorgeschichtliche Westküste, Besiedlung und Nutzung. Frühe Siedler an der Küste, Küstenarchäologie in Dithmarschen und Steinburg, Heide 1991, S. 47–70
D.Hoffmann, Die erdgeschichtliche Entwicklung des Küstengebietes. Frühe Siedler an der Küste, Küstenarchäologie in Dithmarschen und Steinburg, Heide 1991, S. 24–37

zu „Der Albersdorfer Brutkamp und der Schalenstein von Bunsoh"
V. Arnold u. R. Kelm, Rund um Albersdorf. Ein Führer zu den archäologischen und ökologischen Sehenswürdigkeiten. Heide, 2004.
H. Dibbern u. F. Hage, Erdwerk und Megalithgräber in der Region Albersdorf – Vorbericht zu den Grabungskampagnen am Dieksknöll und am Brutkamp. Archäologische Nachrichten aus Schleswig-Holstein 2010, S. 34–37.
R. Kelm, Der Albersdorfer Brutkamp in frühen Berichten – Zur neuzeitlichen Rezeption eines archäologischen Denkmals. Dithmarschen, Heft 4, 2002, S. 66–75.
J. Müller, Monumente und Gesellschaft. Ein neues Schwerpunktprogramm zu neolithischen Großsteinanlagen. Archäologische Nachrichten aus Schleswig-Holstein 2009, S. 30–33.

zu „Die bronzezeitlichen Grabhügel bei Arkebek"
E. Aner u. K. Kersten, Die Funde der älteren Bronzezeit des nordischen Kreises in Dänemark, Schleswig-Holstein und Niedersachsen, Bd. 17: Dithmarschen. Neumünster, 1991.
V. Arnold, Ur- und Frühgeschichte. In: M. Gietzelt (Red.), Geschichte Dithmarschens. Heide, 2000, S. 18–70.
G. Hubrich-Messow, Sagen und Märchen aus Dithmarschen. Husum, o. J.
R. Kelm, Die frühe Kulturlandschaft der Region Albersdorf – Grundlagen, Erfassung und Vermittlung der urgeschichtlichen Mensch-Umwelt-Beziehungen in einer Geestlandschaft. EcoSys – Beiträge zur Ökosystemforschung, Suppl. Bd. 45a. Kiel, 2006.

zu „Wurten und Flachsiedlungen"
D. Meier, Landschaftsgeschichte, Siedlungs- und Wirtschaftsweise der Marsch. In: M. Gietzelt (Red.), Geschichte Dithmarschens. Heide 2000, S. 71–92.
D. Meier, Landschaftsentwicklung und Siedlungsgeschichte des Eiderstedter und Dithmarscher Küstengebietes als Teilregionen des Nordseeküstenraumes. Universitätsforschungen zur Prähistorischen Archäologie Bd. 79. Bonn, 2001.
D. Meier, Watten, Marschen, Inseln – Landschaft und Geschichte. Heide, 2006.
M. Vollmer u. a., Lancewad. Landscape and Cultural Heritage in the Wadden Sea Region. Final Report. Wilhelmshaven, 2001.

zu „Die frühmittelalterlichen Ringwälle Bökelnburg und Stellerburg"
H. Brachmann, Der frühmittelalterliche Befestigungsbau in Mitteleuropa.
Untersuchungen zu seiner Entwicklung und Funktion im germanisch-deutschen Bereich.
Schriften zur Ur- und Frühgeschichte 45. Berlin, 1993.

G. Haseloff, Die Stellerburg. Die Ergebnisse der Ausgrabungen.
Nordelbingen 13, 1937, 48–76.
Helmold von Bosau: Chronica Slavorum. In: Th. Müller/ A. Pentzel (Hg.), Continuatio fontium medii aevi.
Quellensammlung zur Mittelalterl. Gesch. Fortsetzung [CD-ROM] (Berlin)
H. Jankuhn, Die Bökelnburg bei Burg in Dithmarschen. Zeitschr. Ges. Schleswig-Holstein. Gesch. 79,
1955, 105–126.
Th. Lemm, Die frühmittelalterlichen Ringwälle im westlichen und mittleren Holstein (Dissertation Univ.
Kiel) 2011.

Mittelalter

zu „Die Meldorfer St.-Johannis-Kirche"
H.K.L. Schulze, Der Meldorfer Dom. Heide 1992.

zu „Die Kirche in Tellingstedt"
H. Beseler (Hg.), Kunst-Topographie Schleswig-Holstein, Neumünster 1969, S. 477–479

zu „Der Lundener Geschlechterfriedhof"
D. Jonkanski, Lunden: Der Geschlechterfriedhof als Zeugnis Dithmarscher Geschichte,
in: Zs. DenkMal!, Jg. 16, 2009, S. 17–24
N.R. Nissen, Kirche und Staat in Dithmarschen, Heide 1999
F. Trende, Schönes, altes Dithmarschen, Heide 1994

zu „Die Marienburg bei Dellbrück"

V. Arnold, Das Kirchspiel Albersdorf – eine "klassische Quadratmeile" der Archäologie Westholsteins.
Dithmarschen 1981, S. 7–19
J. Adolphi, gen. Neocorus, Chronik des Landes Dithmarschen, hg. von F. C. Dahlmann. Kiel 1827, Bd. 1,
S. 254 (Anmerkung von H. Dethleff)

zu „Der Heider Marktplatz"
V. Arnold, Die Anfänge Heides – ein bleibendes Rätsel!? Heide um 1500. Heide 1990, S. 18–31
R. Witt, Die geschichtliche Entwicklung. Heide, Geschichte und Gestalt einer Stadt, Heide 1980, S. 7–36

zu „Die Fallohfurt bei Albersdorf"
T. Hill, Der Ochsenweg – Zur Konstruktion regionaler historischer Identität. In: B. Lundt (Hrsg.), Nord-
lichter – Geschichtsbewusstsein und Geschichtsmythen nördlich der Elbe. Köln/Weimar/Wien, 2004,
S. 47–65.
T. Hill u. B. Zich, Von Wegen – Auf den Spuren des Ochsenweges (Heerweg) zwischen dänischer Grenze
und Eider. Flensburger regionale Studien Bd. 12. Flensburg, 2002.
O. G. Meier, Die Gieselau – das landschaftlich schönste Fließgewässer Dithmarschens. Dithmarschen,
Heft 1/2, 1981, S. 41–48.
S. Reiß, V. Arnold, H.-R. Bork, R. Kelm u. D. Meier, Landschaftsgeschichte Dithmarschens. Man and Envi-
ronment II. Kiel, 2006.

zu „Die Kirche zum Heiligen Kreuz in Windbergen"

D. Stein, Das Windberger Heilige Kreuz. Dithmarschen, 1995, S. 69–71.

W. Lammers, Die Schlacht bei Hemmingstedt. Heide 1953, S. 22–23.

F. C. Dahlmann (Hg.), Johann Adolfi´s, genannt Neocorus, Chronik des Landes Dithmarschen. Kiel 1827 (Repr. Leer 1978), Bd. I, S. 259 (Hans Dethleff), S. 512 (1. Lied = Lammers S. 22), Bd. II, S. 561 (2. Lied = Lammers S. 23)

S. Drücke-Carstensen, Geschichte der Gemeinde Windbergen. Heide 2004.

zu „Die Dusenddüwelswarf bei Hemmingstedt"

W. Lammers, Die Schlacht bei Hemmingstedt, Heide 1987 (3. Aufl.)

F. Trende, Die Schlacht bei Hemmingstedt. Ein deutscher Mythos zwischen Politik, Poesie und Propaganda, Heide 2000

zu „Die Kirche St. Jürgen in Heide"

H. Beseler (Hg.), Kunst-Topographie Schleswig-Holstein, Neumünster 1969, S. 458–461

V. Arnold, Die Anfänge Heides – ein bleibendes Rätsel!? Heide um 1500, Heide 1990, S. 18–31

J. Habich, Die städtebauliche Entwicklung. Heide, Geschichte und Getsalt einer Stadt, Heide 1980, S. 37–53

zu „Die frühen Deiche und die Insel Büsum"

P. Wieland, Küstenfibel. 1990.

H. J. Kühn, Die Anfänge des Deichbaus in Schleswig-Holstein. Heide 1992.

D. Meier, Die Nordseeküste. Geschichte einer Landschaft. Heide 2006.

Frühe Neuzeit

zu „Landgewinnung Stück für Stück"

J. Kohlus, Die Köge Dithmarschens. In: M. Gietzelt (Red.), Geschichte Dithmarschens. Heide 2000, S. 428–433.

R. Witt, Dithmarschen während der Fürstenherrschaft 1559–1773. In: M. Gietzelt (Red.),Geschichte Dithmarschens. Heide 2000, S. 179–216.

O. Fischer, Dithmarschen. In: F. Müller und O. Fischer, Das Wasserwesen an der schleswig-holsteinischen Nordseeküste. Das Festland, Bd. 5, Teil 3. 1957.

zu „Das Alte Pastorat in Meldorf"

Fachwerkarchitektur um 1600 in Meldorf. Themenheft der Zeitschrift „Dithmarschen", Heide 2006.

zu „Die Jacobus-Kirche in Brunsbüttel"

O. Fischer, Dithmarschen. In: F. Müller und O. Fischer, Das Wasserwesen an der schleswig-holsteinischen Nordseeküste. Das Festland, Bd. 5, Teil 3. 1957.

W. Johnsen, Das schöne Brunsbüttel. 1951 (Darin Details zur Kirchengeschichte, Innenausstattung, Grabsteinen)

H. Beseler (Hg.), Kunst-Topografie Schleswig-Holstein. Neumünster 1989, S. 866 f.

D. Meier, Die Nordseeküste. Geschichte einer Landschaft. Heide 2006.

N. R. Nissen, Staat und Kirche in Dithmarschen. Heide 1994, S. 94 ff.

zu „Die alten Häfen am Beispiel von Wöhrden"

H. Ploog, Geschichte der Gemeinde Wöhrden. Heide 1997.

N. R. Nissen, Dithmarschen. Leben mit Wasser und Wind. Heide 1991.

N. R. Nissen, Schiffahrt in Dithmarschen – Notizen und Materialien. Dithmarschen. 1985, Heft 1, S. 19–24.

N. R. Nissen, Dithmarscher Landesmuseum in Meldorf. Dithmarschen. 1979, Heft 2, S. 67–89.

zu „Hol über!"

W. Asmus, Die verkehrs- und wirtschaftsräumliche Entwicklung Schleswig-Holsteins 1840–1914. In Schleswig-Holsteins Weg in die Moderne. Studien zur Wirtschafts- und Sozialgeschichte Schleswig-Holsteins, Bd. 15. 1988, S. 43–64.

W. Asmus, Probleme der Verkehrsstruktur und Verkehrsentwicklung in Schleswig-Holstein und ihr Einfluß auf die gewerbliche Entwicklung 1800–1867. Studien zur Wirtschafts- und Sozialgeschichte Schleswig-Holsteins, Bd. 17. 1989, S. 183–206.

W. Asmus, A. Kunz u. I. E. Momsen (Hrsg.), Atlas zur Verkehrsgeschichte Schleswig-Holsteins im 19. Jahrhundert. Neumünster 1995.

Fährverein Bargener Fähre e. V. (Hg.), 10 Jahre Fährverein Bargener Fähre. Kleine Festschrift. 2011.

J. Petersen, Aus der Geschichte der Eiderfähren. Dithmarschen 1989, Heft 4, S. 82–92.

Internetseite des Fährvereins Bargener Fähre e. V. – www.bargener-faehre.de

18. Jahrhundert

zu „Die St.-Bartholomäus-Kirche in Wesselburen"

F. C. Dahlmann (Hrsg.), Neocorus, Chronik des Landes Dithmarschen. Kiel, 1827. Unveränderter Nachdruck. Leer, 1978.

D. Meier, Archäologie in den Nordseemarschen. In: M. Müller-Wille und D. Hoffmann (Hrsg.), Der Vergangenheit auf der Spur – Archäologische Siedlungsforschung in Schleswig-Holstein. Neumünster, 1992, S. 63–82.

F. Wagner, Wesselburen. Stuttgart, 1988.

zu „Niebuhrslust bei Meldorf"

Dithmarscher Landesmuseum, Carsten Niebuhr, 1733–1815. Arabienforscher und Landschreiber in Meldorf. Meldorf 2011.

K. Gille, Niebuhrs Lust – zwölf Briefe Carsten Niebuhrs an den Vollmacht Piehl. Dithmarschen, 1987, S. 19–24.

zu „Riesewohld bei Odderade"

V. Arnold, Der Riesewohld – zur kultur- und vegetationsgeschichtlichen Bedeutung eines historischen Waldgebietes auf der Dithmarscher Geest. – Archäologie in Schleswig 11, 2008, S. 9–18.

V. Arnold und W. Denker, Der Riesewohld – Dithmarschens KultUrwald. – Experimentelle Archäologie in Europa Heft 6, S. 27–36.

19. Jahrhundert

zu „Die ‚Alte Kirchspielvogtei' in Wesselburen"
P. Engel, Hebbel-Museum Wesselburen. Heide, 1980.
V. Schulz, Das Wesselburen Friedrich Hebbels, Heide, 1995.

zu „Museumsweberei Meldorf und Töpferei in Tellingstedt"
R. Franck, Zu Besuch in den Dithmarscher Museums-Werkstätten, Heide 1978
U. Meislahn, Zu Besuch in der Tellingstedter Töpferei, Heide 1978
J. Müller, Exkurs: Kunst und Kunstgewerbe in Dithmarschen, in: Geschichte Dithmarschens, Heide 2000
Dithmarscher Landesmuseum

zu „Die Kanone vor der Kirche in St. Annen"
Verein Dorf und Welt St. Annen e.V.: Chronik St. Annen, Fortführung 1992–2006. Husum o. J.
C. Thomsen, Friedrichstadt – ein historischer Stadtbegleiter, Heide, 2. Auflage 2009
G. Stolz, Der Kampf um Friedrichstadt, Husum 2000.

zu „Der Büsumer Hafen"
Chronik von Büsum – Gustav Blunk 1938
Büsum – von der Insel zum Nordseeheilbad – Eine Chronik von Kurt Schulte
Büsum Hafen und Fischerei im 20. Jahrhundert Teil I 1900–1929 – Kurt Winter
Der Ausbau des Fischereihafens Büsum – ORR i.R. Dr. Ing. Martin Bahr
Büsum eine Kirchspielchronik v. Paul Joh. Friedrich Boyens 1888

zu „Von „Aeolus" zu „Ursula" in Barlt"
H.-P. Petersen/S. Scherreiks, Mühlengeschichte Dithmarschens, Heide 2006.

zu „Die Zuckerfabrik in Wesselburen"
P. Hirschfeld, Zuckerfabrik in Wesselburen. In: Schleswig-Holsteins Großindustrie und Großhandel. Berlin, 1894, S. 268 f.
R. Möller, „Und mancher Slawe machte sich im Kirchspiel sesshaft" – die Arbeiterschaft der Zuckerfabrik „Charles de Vos" in Wesselburen. In: B. Claasen, U. Danker, M. Jessen-Klingenberg, N. Köhler, S. Lehmann und R. Schulte (Hrsg.), Demokratische Geschichte, Band 13. Malente, 2000, S. 59–80.
Dithmarscher Bote, 4. Januar 1908.

zu „Das Klaus-Groth-Museum und das Brahms-Haus in Heide"
K. Groth, Memoiren, Heide 2005.
M. Langner, Brahms und seine schleswig-holsteinischen Dichter, Heide 1990.
J. Brahms/K. Groth, Briefe der Freundschaft, Heide 1997.

zu „Das Dithmarscher Landesmuseum in Meldorf"
N. R. Nissen, Meldorfer Museumsführer, Heide 1987
140 Jahre Dithmarscher Landesmuseum, hg. vom Dithmarscher Landesmuseum, Meldorf 2012.

zu „Das Skatclubmuseum in Marne"
  F. Trende, Marne – Ein Führer durch die Stadt und ihre Geschichte, Heide 1990
  F. Trende, Das Marner Skatclubmuseum – Streifzug durch Haus und Sammlungen,
  in: Zs. Dithmarschen, Sonderheft 1994

Um 1900

zu „Die Eiderbrücken bei St. Annen und Friedrichstadt"
  K. Michelson: 100 Jahre Eisenbahn in Friedrichstadt. Zur Eröffnung der Marschbahn im Jahr 1887.
  In: Mitteilungsblatt der Gesellschaft für Friedrichstädter Stadtgeschichte Nr. 30 (1987), S. 22–154.

zu „Der Nord-Ostsee-Kanal"
  W. Schulz, Der Nord-Ostsee-Kanal. Eine Baugeschichte. Heide 1986.

zu „Die Kanalschleusen in Brunsbüttel"
  W. Schulz, Der Nord-Ostsee-Kanal. Eine Baugeschichte. Heide 1986.

zu „Der Kleinbahnhof in Heide"
  H.-H. Schöning, Die Kleinbahn des Kreises Norderdithmarschen, Heide 1980
  H.-H. Schöning, Die Kreisbahn Norderdithmarschen. Nordhorn 2006
  V. Arnold, W. Braatz, W. Mohr und I. Wichmann, Der letzte Zug von Delve, Begleitheft zur Ausstellung,
  Heide 2011

zu „Die Wassertürme in Brunsbüttel und Heide"
  Internetseite der Deutschen Stiftung Denkmalschutz 2011.
  J. U. Schmidt, Wassertürme in Schleswig-Holstein. 2008.
  H.-G. Andresen, Architektur in Dithmarschen. In: M. Gietzelt (Red.) Geschichte Dithmarschens. Heide
  2000, S. 530.
  K. Kleine-Weischede, Entwicklung von Brunsbüttelkoog bis in die 20er Jahre. In: Brunsbütteler Spuren,
  Beiträge zur Heimatgeschichte, Bd. 5, 1990, S. 9–49.

Erste Hälfte des 20. Jahrhunderts

zu „Der Büsumer Leuchtturm"
  Chronik von Büsum – Gustav Blunk 1938
  K. Schulte, Büsum eine Chronik – von der Insel zum Nordseeheilbad
  K. Winter, Die Fischerei in Büsum 2. Auflage 1984
  K. Winter, Büsum Hafen und Fischerei im 20. Jahrhundert Teil I 1900–1929

zu „Das Arbeitslager Osterrade und die Russengräber in Süderrade"
  H.-P. Maume, Arbeitslager Osterrade 1915/16. Dithmarschen 2,2006, S. 34–44.
  H. Mumm/H.-P. Maume, Der Friedhof des Arbeitslagers Osterrade. Dithmarschen 3,2006, S. 67–68.
  Landesarchiv Schleswig-Holstein, Schleswig: Abt. 309. 1927, 1928. Abt. 320.
  4499–4505.

zu „Die Landwirtschaftsschule in Heide"

H.-G. Andresen, Architektur in Dithmarschen. In: M. Gietzelt (Red.) Geschichte Dithmarschens. Heide 2000, S. 534

C. Körner, Ein neues Schulgebäude für Dithmarscher Landwirte. Dithmarschen 2008, S. 27–30

zu „Die Fichtenhain-Rennbahn in Heide"

J. W. Thomsen, Landleben in der Weimarer Republik. Heide 1989.

zu „Das Frenssenhaus in Barlt"

K. Dohnke u. D. Stein (Hg.), Gustav Frenssen in seiner Zeit. Heide 1997.

W. Johnsen, Gustav Frenssen – Art und Ahnen. Dithmarschen – Blätter der Heimatgestaltung, Bd. 13. Heide 1933.

A. Barthel, Wiederentdeckt: Farbige Raumfassung Wenzel Habliks im Gustav-Frenssen-Haus in Barlt. Dithmarschen, 2006, S. 98–100.

A. Barthel, Wenzel Hablik, Farbräume der Moderne in Schleswig-Holstein. DenkMal! Zeitschrift für Denkmalpflege in Schleswig-Holstein, 2007, S. 25–36.

zu „Die Neulandhalle im Dieksanderkoog"

Trende, Frank: Neuland! war das Zauberwort – Neue Deiche in Hitlers Namen, Heide 2011

zu „Die Ölraffinerie bei Hemmingstedt"

L. Meyn, Die Holsteinische Oel-Grube bei Heide in Dithmarschen, Itzehoe 1876, als Manuskript gedruckt

R.A. Meyn, Die Oel-Kreide bei Heide in Holstein, Hamburg 1882, als Manuskript gedruckt

H. Dürkop, Die Erdölwerke bei Heide 1856–2006, Hamburg 2007, Boyens Buchverlag, Heide

H. Dürkop, 150 Jahre Erdölwerke in Dithmarschen, Erdölchronik in 3 Bänden, Hamburg 2011.
Die ersten 100 Jahre bis 1956 und Ergänzungen von 1957–2006, Typoskript mit Abbildungen in einem Exemplar im Dith. Landesmuseum, Meldorf, auf 942 Seiten mit über 600 Abbildungen, über 2000 Namensnennungen darunter über 500 Zeitzeugen.

zu „Die Gedenkstätte Gudendorf"

M. Gietzelt, Die Gedenkstätte Gudendorf – Neue Forschungsergebnisse, in Zeitschrift „Dithmarschen", Heft 3/2004, Heide 2004

zu „Die Insel Trischen"

O. G. Meier, Trischen – Die wandernde Insel, Heide 1962 (2. Aufl.)

F. Trende, Neuland! war das Zauberwort – neue Deiche in Hitlers Namen, Heide 2011

Zweite Hälfte des 20. Jahrhunderts

zu „Das Eidersperrwerk"
H. A. Bruns, S. Stromberg u. S. Wolff, Naturführer Eidermündung. Husum 2007.
Dithmarschen Tourismus e. V. u. Verein für Dithmarscher Landeskunde e. V. (Hrsg.), Histour Dithmarschen. Heide 2005.
O. G. Meier, Die Naturschutzgebiete in Dithmarschen. Heide 1982.
Landesamt für Natur und Umwelt des Landes Schleswig-Holstein, Einzigartig – Naturführer durch Schleswig-Holstein. Neumünster 2008.

zu „Das Kreishaus Dithmarschen in Heide"
Schleswig-Holsteinischer Landkreistag (Hg.), 100 Jahre Kreise Schleswig-Holstein, 1967
U. Lange (Hg.), Geschichte Schleswig-Holsteins, Neumünster 1996
M. Gietzelt, Geschichte Dithmarschens, Heide 2000

zu „Der Speicherkoog"
W. Denker u. R. Stecher, Die Landschaft aus dem Meer. Natur und Geschichte des Speicherkoogs. Heide 2009.
O. G. Meier, Der Speicherkoog Dithmarschen. Heide 1987.
Landesamt für Natur und Umwelt Schleswig-Holstein (Hrsg.), Einzigartig – Naturführer durch Schleswig-Holstein, Bd. 1 und 2. Kiel 2008 u. 2009.

zu „Moore, Seen und Niederungen"
Landesamt für Natur und Umwelt des Landes Schleswig-Holstein (Hrsg.), Einzigartig – Naturführer durch Schleswig-Holstein, Bd. 1 und 2. Neumünster 2008 u. 2009.
O. G. Meier, Die Naturschutzgebiete in Dithmarschen. Heide 1982.
Ministerium für Landwirtschaft, Umwelt und ländliche Räume, Managementplan für das FFH-Gebiet „Weißes Moor". Kiel 2010.
Ministerium für Landwirtschaft, Umwelt und ländliche Räume, Managementplan für das Europäische Vogelschutzgebiet Eider-Treene-Sorge-Niederung, Teilgebiet „Lundener Niederung" und für das FFH-Gebiet „Lundener Niederung". Kiel 2010.
Ministerium für Landwirtschaft, Umwelt und ländliche Räume, Managementplan für das FFH-Gebiet „Kudensee" und das Europäische Vogelschutzgebiet „NSG Kudensee". Kiel 2011.

zu „Der Nationalpark Schleswig-Holsteinisches Wattenmeer"
D. Meier, Weltnaturerbe Wattenmeer. Kulturlandschaften ohne Grenzen. Heide 2010.

zu „Die Seehundstation in Friedrichskoog"
K.-E. Heers, Seehunde. Heide 1999.

zu „Energieland Dithmarschen"
K. Rave u. B. Richter, Im Aufwind – Schleswig-Holsteins Beitrag zur Entwicklung der Windenergie. Neumünster 2008.

WEGE ZU DEN ERINNERUNGSORTEN

(Einrichtung jeweils mit Adresse und Internet)

Die meisten der im Buch aufgeführten Erinnerungsorte sind jederzeit frei zugänglich. Darüber hinaus gibt es aber auch Einrichtungen und Ausstellungen, die sich ebenfalls mit diesen Plätzen beschäftigen bzw. originale Exponate dazu zeigen.
Eine Auswahl dazu finden Sie im folgenden:

Museum für Archäologie und Ökologie Dithmarschen
Bahnhofstr. 29, 25767 Albersdorf
www.museum-albersdorf.de

Steinzeitpark Dithmarschen
Süderstr. 47, 25767 Albersdorf
www.steinzeitpark-dithmarschen.de

Frenssen-Haus
Dorfstr. 55, 25719 Barlt
www.museumlandschaft-dithmarschen.de

Infozentrum Kanalschleuse Brunsbüttel
Gustav-Meyer-Platz, 25541 Brunsbüttel
www.wsa-brunsbuettel.wsv.de

Heimatmuseum Brunsbüttel
Markt 4, 25541 Brunsbüttel
www.museum-brunsbuettel.de

Büsumer Deich-Freilichtmuseum
25761 Büsum (beim Parkplatz P1 ca. 200 m Fußweg)
www.buesum.de

museum am meer
Am Fischereihafen 19, 25761 Büsum
www.museum-am-meer.de

Sturmflutenwelt Blanker Hans
Dr.-Martin-Bahr-Str. 7, 25761 Büsum
www.blanker-hans.de

Burger Museum
Große Mühlenstr 6, 25712 Burg
www.burger-museum.de

Norddeutsches Landesmuseum – Altonaer Museum in Hamburg
Museumsstr. 23, 22765 Hamburg
www.altonaermuseum.de

Infopavillon Dusenddüwelswarf „Schlacht von Hemmingstedt"
25770 Hemmingstedt
www.dithmarschen.de

Seehundstation Friedrichskoog
An der Seeschleuse 4, 25718 Friedrichskoog
www.seehundstation-friedrichskoog.de

Historisches Museum Friedrichstadt „Alte Münze"
Am Mittelburgwall 23, 25840 Friedrichstadt
www.museum-friedrichstadt.de

Brahmshaus
Lüttenheid 34, 25746 Heide
www.brahms-sh.de

Museumsinsel Lüttenheid
mit Klaus-Groth-Museum und Heimatmuseum
Lüttenheid 40, 25746 Heide
www.heide.de

Testfeld für Kleinwindanlagen
Kaiser-Wilhelm-Koog. Sommerdeich 14b, Besichtigung Maschinenhaus WKA 60
nur nach Anmeldung bei GL Gerrad Hassan GmbH, Kaiser-Wilhelm-Koog

Heimatmuseum Lunden
Am Gehölz 10, 25774 Lunden
www.museumslandschaft-dithmarschen.de

Heimatmuseum Marner Skatclub von 1873
Museumsstr. 2, 25709 Marne
www.museumslandschaft-dithmarschen.de

Dithmarscher Landesmuseum
Bütjestr. 2–4, 25704 Meldorf
www.landesmuseum-dithmarschen.de

Infostation Riesewohld
25785 Odderade – Riesewohld
www.museum-albersdorf.de/riesewohld

Archäologisches Landesmuseum Schleswig-Holstein
Schloß Gottorf, 24837 Schleswig
www.schloss-gottorf.de

Volkskundemuseum Schleswig-Holstein
Am Hesterberg, 24837 Schleswig
www.schloss-gottorf.de

Nationalparkzentrum Schleswig-Holsteinisches Wattenmeer
Multimar Wattforum
Am Robbenberg, 25832 Tönning
www.multimar-wattforum.de

Hebbel-Museum
Österstr. 6, 25764 Wesselburen
www.hebbel-museum.de

Kohlosseum Wesselburen
Bahnhofstr. 22a, 25764 Wesselburen
www.kohlosseum.de

Zu diesem Thema ebenfalls in unserem Verlag:

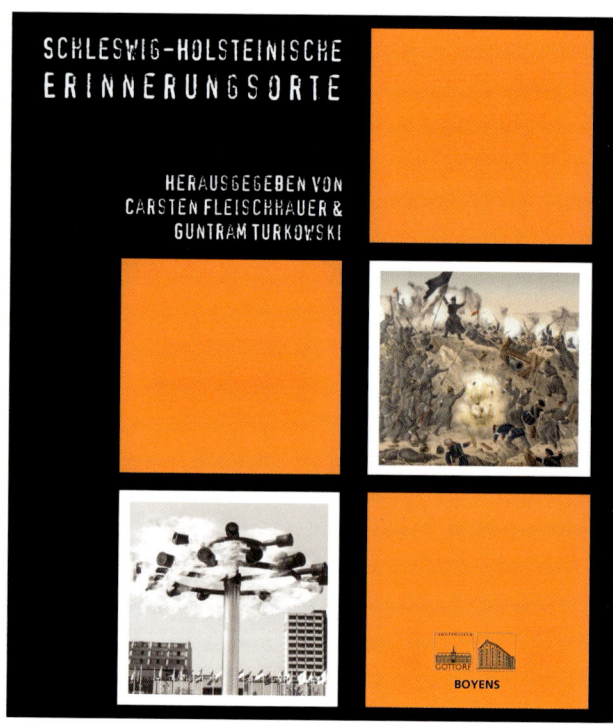

Carsten Fleischhauer & Guntram Turkowski
Schleswig-Holsteinische Erinnerungsorte

ISBN 978-3-8042-1204-6

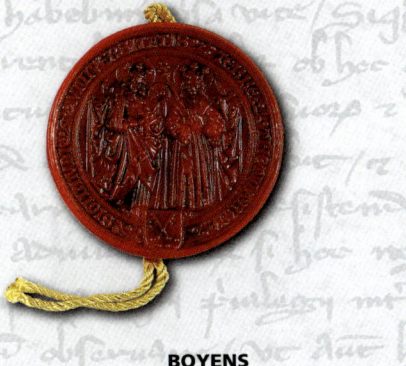

Anne-Marga Sprick
Dithmarschen – sagenhaft to vertellen

ISBN 978-3-8042-1180-3